U0104034

經學研究叢書

歸○解易十六講

廖慶六　著

陳序

　　一般而言，學術之研究雖然有「求異」與「求同」的兩大層面，但兩者往往形成『二元對待』的螺旋關係，也就是說，「求異」多少，既可以徹上「求同」多少；同理，「求同」多少，既可以徹下「求異」多少。這樣循環不已，就拓展了學術的領域和成果。廖先生這本《歸〇解易十六講》的大作，初看只是解析《周易》六十四卦中的十六卦，為徹下的「求異」之作，卻能徹上「求同」，一一「歸〇」，因此就有既「求異」又「求同」的特色：

　　一、這本書不論卦象、不談易傳。如果以易經之形式與內容作區分，《周易》一書大致可以分成「文字卦」及「數字卦」兩個部分：「文字卦」是指經文內容，它以歷史典故及哲理意涵做為敘述主體；而「數字卦」是指數字、卦象與符號，它以占筮及數術之論述見長。而本書之解易內容純以「文字卦」為主，不涉及象數、卦象、易例、占卜或風水等各種易學觀點之研究。針對精簡之文字卦內容，作者期以精準之詮釋法，逐一解開經文之意涵為目的，其解易之觀念與方法，確實相當獨特。這在「求異」中又涉「求同」。

　　二、中、法兩大古文字學家郭沫若先生及法國馬伯樂教授（Henri Maspero），他們都強調中國的訓詁之學，其實就是要注意「說的字」，而不是「寫的字」。傳統易經之注釋，都局限於「寫的字」；而本書對於內容之詮釋，頗多借助於臺灣話「說的字」之功效，並全面性深入經文「形、音、義」之考證。例如：乾卦之「亢龍」，坤卦之「不

習」，訟卦之「有孚」，大有卦之「交」、「彭」，豐卦之「蔀」，巽卦之
「床」，等等字詞為是。這主要在「求異」。

三、清儒章學誠早有「六經皆史」之創見，以蒙卦及師卦為例，
內有商末周初之史事關聯性，因為兩卦分別論述箕子及姜太公，兩人
與周武王之間的奧妙關係；另外需卦及訟卦，則是記載紂王之子祿
父，他與「三監」與「封侯」變易之間的微妙互動。近人鄒昌林亦有
「六經皆禮」之論說，以豐卦為例，其中就有針對殷人重視祭祀禮儀之
敘述。以史證易，以禮論易，這是作者詮釋「文字卦」經文內容，相
當具有說服力之處。這主要在「求同」。

四、本書係以客觀手法撰寫而成的學術研究論文，論文撰寫格式
與文章講述順序，一律分成五個段落，其中「卦爻辭之解釋」、「關鍵
字辭之解釋」、及「六十四卦之聯通」三個段落，這是組構本書各講之
核心內容。在撰寫各篇文章內容時，作者依科學性的學術研究方法，
各篇論文之研究方法與考證依據，均參酌易經每卦內容之差異性，分
別採用最妥切之研究途徑。本書雖以語言文字及歷史文獻之研究方法
為多見，但對於獨特之易卦，均分別採用更有效益之研究方法。以
「乾」卦為例，因為卦爻辭之意涵，隱含聖人對「宇宙」兩字的認知
與詮釋。因此本書作者就利用社會學家的結構主義理論及其系統分析
法，以做印證乾卦整體意涵之設計；該文就是運用語言文字、天文星
象及結構主義之分析理論與研究方法，進行探索及佐證乾卦經文之意
涵。再以「坤」卦為例，本卦係以月球運行及朔望天象之變化作為核
心內容，論述在朔日、望日所產生的日蝕、月蝕等特殊天文景象，以
及其中所蘊含的有關世事變化之義理。本文即以語言文字及天文曆法
之科學研究文獻與方法應用，進行解讀坤卦之卦、爻辭。再以漸卦為
例，本卦係以候鳥習性為物象，以鴻雁循序漸進為意象；對於鴻雁之
遷徙、棲息、配對、繁殖、飛行，均依照六爻之順序，逐一詮釋其文

字內容。作者指出，鴻雁是大自然界候鳥之一，我們應該效法大自然精神，並以候鳥生態為師，從觀察學習中得到啟發；因此本文即以生態環境觀察法，進一步解讀「漸」卦之意涵。這在「求異」也涉「求同」。

五、書名《歸〇解易十六講》，「〇」象徵太極（含無極），「歸〇解易」代表作者撰寫解易論文的一個期望與做法。本書是以易經原典作為唯一範本，並模擬回歸經典原著年代的時空情境，回溯三千年前所用語言文字的文化層次。作者也都能逐一舉證並探索易卦經文之意涵，並藉此發掘聖人原創、純正，而且充滿智慧的哲理。這主要在「求同」。

六、本書雖只收錄易經十六卦，但最重要之前八卦，最精華之乾坤兩卦，皆已收錄在本書內容之中，「以有限表現無限」了。這在「求異」又「求同」。

以上特色，如以「（〇）一（太極〔含無極〕）←→二（兩儀）←→多（四象、八卦、六十四卦）」的螺旋結構切入，則「求異」屬於「多←→二」、「求同」屬於「一（〇）」。如此看待本書的整體思想架構，是最能突顯其重大價值的。

在出版這種好書之前夕，忝為萬卷樓圖書公司董事長兼總編輯，特為此說一些話，突出本書特色與價值，以表慶賀之意。

陳滿銘
序於萬卷樓圖書公司董事長室
2013 年 5 月 21 日

目次

自序

　　這是我的第一本研易作品，也是個人從職場退休兩年多來，第一本公開發行的專書。《易經》流傳至今應有三千年之久，而古今中外論述易經的著作，也有數千部之多。個人深信，本書是不論卦象、不談易傳的第一本解易著作；本書是兼用出土文獻、借助臺灣話，以供經文「形、音、義」之考證的第一本著作。

　　本書命名為《歸〇解易十六講》，「〇」象徵太極，「歸〇解易」代表筆者撰寫解易論文的一個期望與做法。事實上，本書是以《易經》原典作為唯一範本，並模擬回歸經典原著年代的時空情境，回溯三千年前作者所用語言文字的文化層次。筆者衷心期望能逐一探索易卦經文之意涵，並藉此發掘聖人原創、純正，而且充滿智慧的哲理。「十六講」表示先對十六卦進行解讀，並以科學性研究方法，嘗試分析考證易卦經文之意旨；除了書末附錄一篇相關論文外，本書主要內容共計收錄十六篇解易文章。

　　本書收錄已發表之部分解易文章，其數量僅占《易經》六十四卦的四分之一；論文依序分成十六講，其餘四十八卦之解讀文章，將會陸續編撰與發表，俟累積數量達到十六篇以上時，再按年結集出版。個人撰寫各講之文章內容時，均依照科學性的學術研究方法；而各篇論文之研究方法與考證依據，均參酌《易經》每卦內容之差異性，分別採用最有效益之研究途徑。論文撰寫格式與文章講述順序，一律分成五個段落，包括：前言、卦爻辭之解釋、關鍵字辭之解釋、六十四

卦之聯通、結論。其中,「卦爻辭之解釋」、「關鍵字辭之解釋」、及
「六十四卦之聯通」三個段落,是組構本書各講之核心內容。對於《易
經》自感艱澀難懂者,除前言與結論之外,僅需多看「卦爻辭之解釋」
這個段落即可;如果對《易經》有進一步研究興趣者,以及眾多前輩
與中外同好們,拙作「關鍵字辭之解釋」及「六十四卦之聯通」二段
內容,或許可以聊備大家分享與玩味之用。

　　本書之各篇解易論文,限以通行本《易經》之經文內容為本,不
包含易傳之解讀。撰寫順序,首先針對卦辭,再依序從初爻至上爻,
分別解讀各卦爻辭內容。為了方便撰述及說明起見,文中還保留前賢
所習用之爻辭編次用語,但行文一概不涉及象數、卦象、易例、占
卜、或風水等各種易學觀之探討。對於《易經》作者之問題,自古以
來就已爭訟不斷。本書係以客觀心態撰寫研究論文,關於《易經》作
者問題,本書暫時不予論述;留待六十四卦全部完成解讀時,再以專
文論證發表。

　　審諸家研究《易經》之方法,每有利用近年出土之文物與文獻
者,包括甲骨卜辭、金文,帛書、竹書之《易經》文本等,這些古代
文獻都屬於珍貴的文化資產。本書除利用及參考這些出土文獻外,
還特別利用筆者所使用之母語「臺灣話」,並將它列為考訂上古文字
「形、音、義」的必要工具,並用它來打開經典研究之新視野。《郭
沫若全集·歷史編》記載:中國的訓詁之學,其實就是要注意「說的
字」,而不是「寫的字」;而法國漢學家馬伯樂教授(Henri Maspero)
也提醒古文字的考釋之外,還要注意的乃是說的字,而不是寫的字。
事實證明,傳統字書及眾多出土文物與文獻之效用,都侷限於通行
本《易經》文字之「形、義」的校訂;而現行臺灣話對於上古文字的
考證功效,卻可以深化且全面性含蓋到「形、音、義」三項之文字校
訂。以本書各講之內容為例,臺灣話對於上古音韻之考證,及幫助解

讀關鍵性之字詞，確已發揮很多預想不到的效果。臺灣主流方言係來自閩南漳、泉地方，其源頭屬中原的河洛語；目前通稱臺灣閩南語，或簡稱臺灣話。臺灣話是上古漢語之活化石，可以用它來佐證《易經》著作時代所使用的方言；相信成書於上古年代的《易經》，其經文之「形、音、義」，應與臺灣話具有最密切之關係。本書各講均有數個字詞之考訂與研究，必須借助於臺灣話之利用。本書所使用之臺灣話音標，譯音係參照羅馬拼音標示，聲調則以阿拉伯數字附記，從一至八，分別代表「君、滾、棍、骨、群、滾、郡、滑」八個呼音，其中二、六兩字之聲調相同。

本書之著作內容，大部分已在《國文天地》雜誌刊登發表，特此向萬卷樓圖書公司及《國文天地》雜誌社，申致萬分之謝意！其中〈《周易》問字：為臺灣話找字〉一文，最先發表於《國文天地》月刊三一一期；另自二〇一二年六月起，《國文天地》特闢〈布克‧BOOK〉專欄之「廖慶六易經詮釋」連續刊登拙文，過去一年已經連載了十二篇文章，現在特別附記如下：三二五期，「晉」卦；三二六期，「巽」卦；三二七期，「漸」卦；三二八期，「姤」卦；三二九期，「豐」卦；三三〇期，「觀」卦；三三一期，「蒙」卦；三三二期，「謙」卦；三三三期，「比」卦；三三四期，「大有」卦；三三五期，「訟」卦；及三三六期，「師」卦。在期刊編輯過程中，對於文稿內容與版面編排等諸多問題，萬卷樓圖書公司及《國文天地》編輯部同仁，都不吝提供諸多建議與修正意見，讓拙文能夠連續如期刊登，也讓本書得以順利結集出版。對本人第一本解易專書之出版面世，《國文天地》雜誌社全體同仁確實功不可沒，在此要感謝總經理梁錦興，總編輯陳滿銘，副總編輯張晏瑞三位老師的賞識與提攜；同時也要感謝編輯游依玲小姐，以及編輯部與美編顧問等所有同仁的全力幫忙。

還有，本人在研習《易經》與撰寫論文過程中，一直有多位好友

的鼓勵與提供寶貴意見，讓本書之內容增色不少；在此要特別感謝陳滿銘教授賜序，也要感謝國家圖書館曾堃賢主任，盈寶攝影張台生先生，及雅舍書店張昌印先生。還有很多親友長輩們，也不時地提供臺灣話的標準發音與正確用字，有你們的愛惜相助，讓我感恩不盡！同時也要向內人與二位兒子表示謝意，因為你們都能容忍，家中書本堆滿桌上的景況。另外，因受限於個人的學術水平，在考證與論述上恐有不周之處，祈請各方賢達，能多賜予教正。

癸巳年仲夏
廖慶六謹誌於
臺北文山萬萬齋

第一講
淺釋易經乾卦

一 前言

　　去年（2012）歲次壬辰，生肖屬龍，這是國人最喜愛的一個生肖，因此每逢龍年，嬰兒出生率就相對偏高。在《易經》「乾」卦爻辭中，共有「潛龍、見龍、飛龍、亢龍、群龍」之文字用詞出現，代表「龍」在卦中，確實具有非常獨特之意涵。「乾」卦以太陽為象，從各爻「龍」字看「乾」卦內容，讓我們可以理解人類和太陽，及地球與宇宙的密切關係。事實上，中文「宇宙」兩字，含有統一空間和時間之概念。宇是空間，宙是時間，合稱宇宙。根據現有文獻，這是在春秋戰國時代，分別由文子、尸子、莊子等先賢最早提出來的名詞。當時文獻記載之各種定義，包括有，老子弟子文子撰《文子・自然篇》，文曰：「往古來今謂之宙，四方上下謂之宇」；戰國時代尸佼撰《尸子》，文曰：「上下四方曰宇，往古來今曰宙」；及莊子撰《莊子・齊物論》，文曰：「旁日月，挾宇宙，為其吻合」。後來，漢朝揚雄撰《太玄經》一書，在書中他首創「罔、直、蒙、酋、冥」之論說，這是一個具有三維空間及四時循環的宇宙描繪圖。英文「宇宙」，可譯成 'Cosmos'，'Universe'，或 'World'。根據科學報導，這個浩瀚宇宙，是由空間、時間、物質和能量，所構成的統一體，一般理解的宇宙，是指我們所存在的一個時空秩序系統，包括其間的所有物質、能量和事

件。對於這一體系的整體解釋構成了宇宙論。

　　二十世紀下半葉起，西方人文與社會學者相繼演繹「結構主義」（Structuralism）之學說。從此以後，學者常藉其理論以作分析語言、文化與社會問題的研究方法。例如在分析文學作品時，我們可利用結構主義理論分析，並將潛藏在一個故事中的各要素，作出關聯性的解讀。很久以來，宇宙論之相關研究，是多學科領域相當熱門探索的議題，其中對於古代中國之宇宙觀問題，也受到很多中西學術界的關注。《易經》成書時代，約在殷末、周初，而「乾」、「坤」兩卦之排序，位在易經六十四卦之首。「乾」、「坤」兩卦，均以天為象，以太陽、太陰作為論述內容之意象，並對宇宙中的空間、時間、物質、能量、和人類活動等議題，提出相關的論述。以「乾」卦為例，我們從其卦爻辭之意涵，可以看出聖人對「宇宙」兩字的認知與詮釋。再者，利用社會學家的結構主義理論及其系統分析法，我們可以印證「乾」卦整體意涵之設計。本文是以語言文字、天文星象及結構主義之分析理論與研究方法，嘗試探索及佐證「乾」卦經文之意涵，並依照卦爻辭之解釋、關鍵字辭之解釋、六十四卦之聯通，三個段落順序，分別撰述個人鄙見，並就教於方家。

二　卦、爻辭之解釋

卦辭：乾：元，亨，利，貞。

譯文：論乾之卦：在宇宙秩序與平衡之自然法則中，萬事萬物有其初始、護佑、地利、智慧之生活世界。

初九：潛龍，勿用。

譯文：〔冬至〕如冬眠之龍，牠潛伏未出，在此狀況下，尚不適進取與作為。

九二：見龍在田，利見大人。

譯文：〔春分〕如火龍現身於田地中，此時官員因勢利導，不但可以表
　　　　現勤政愛民，而且還能施展政府威嚴。

九三：君子終日乾乾，夕惕若，厲，無咎。

譯文：〔治國〕君子領袖一直都很勤奮不懈，連晚上休息時，也都保持
　　　　戰戰兢兢與警惕之心，就是遇有危險狀況，也不會有災禍的。

九四：或躍在淵，無咎。

譯文：〔履險〕如置身於深淵險境之中，內心要能慎審平靜，並憑熟練
　　　　技巧以對，這樣就不會有什麼差錯。

九五：飛龍在天，利見大人。

譯文：〔夏至〕如蛟龍飛騰在天空中，此時官員因勢利導，不但可以表
　　　　現勤政愛民，而且還能施展政府威嚴。

上九：亢龍，有悔。

譯文：〔秋分〕感覺像夕陽一般變大、變壯，卻眼看它即將西沉消失，
　　　　這時心中興起一些感傷與懊悔。

用九：見群龍無首，吉。

譯文：〔靜夜〕在靜謐夜晚，滿天出現繁星好夜色；這時候雖然看不到
　　　　最大顆的太陽，卻讓人感覺很平靜與吉祥。

三　關鍵字辭之解釋

　　宇宙含有統一空間和時間之概念。「宇」是空間，「宙」是時間，合稱宇宙。據王愛和博士之研究指出，中國的宇宙觀以「關聯」（Correlative）作為特徵；中國的宇宙觀，是政治文化的一種主要表達方式；而結構主義對中國宇宙觀研究的最大貢獻，是將宇宙觀及社會視為一個統一整體中相互關聯的部分。針對「宇宙觀」的定義，他引用斯里蘭卡社會人類學家斯坦利・坦比亞（Stanley J. Tambiah）的話，認為宇宙觀是一個「概念和關係的構架，它視天地萬物或宇宙為一個有序的系統，根據空間、時間、物質、以及運動來對其描述，並且囊括神、人、動物、精靈、魔鬼等所有事物。」因此，作為這樣一種概念和關係的構架，中國的宇宙觀，是一個基於陰陽、四方、五行、八卦等概念，並進行關聯構建的龐大體系。[1]事實上，結構主義理論所強調的文化要素，必須確認與一個更龐大的支配系統或架構，是具有關聯性的（Structuralism is a theoretical paradigm emphasizing that elements of culture must be understood in terms of their relationship to a larger, overarching system or structure）。[2]藉此結構主義理論，可以幫助我們理解傳統中華文化中，包括：兩儀、四象、四方、五行、八卦、八字、風水、十二生肖、廿四節氣、廿八星宿、六十甲子等等具有普遍性的時空概念，可以窺探出古代中國人的一些宇宙觀。爾後，王愛和博士針對〈晚商王族的宇宙觀〉問題，就以結構系統分析法進行研究，並提出「四方與中心形成一個結構整體，一個三維宇宙觀」之結論。[3]

　　根據專家的解釋，結構主義的理論和方法，可以應用在許多領域，像是一部文學作品、一項活動、或處事路徑的構成元素之間有著交互關係，比僅關注孤立的單一元素內本身更具顯著意義；有時應用

在人類全部活動和其產品上，甚至將其視為被建構的，而非自然形成的。廣泛來說，結構主義企圖探索一個文化意義是透過什麼樣的相互關係（也就是結構）被表達出來。根據結構理論，一個文化意義的產生與再現，是透過作為表意系統（systems of signification）的各種實踐、現象與活動。[4]今天，我們可以根據結構主義的理論和方法應用，去進行中國古代文化的研究，如此就比較容易理解那些存在於《易經》「乾」卦中的宇宙觀之結構與象徵，以及它們與政治社會和文化思想的整體性關聯。

《列子》是一本中國古代思想文化史上的著名典籍，相傳為列子所編撰。列子，全名列禦寇，或稱列圄寇，他是春秋戰國時代知名思想家，也是早期道家代表人物之一。根據考證，《列子》一書，又名《沖虛經》、《沖虛真經》，古本《列子》早已失傳；今本《列子》僅存八篇，是在魏、晉時代，由前人考證先秦舊文，並纂輯而成的。《列子》收錄多篇寓言故事，寓道於事，並廣為流傳於世，歷來雖然曾有偽書之爭議，但書中確實充滿智慧之內容，富有啟示作用，它能開啟人們的心智，並有佐證先秦文獻之史料價值。

《列子》是藉寓言形式來表達精微的哲理，它由哲理散文、寓言故事、神話故事、歷史故事等組成。其中有神話、寓言故事一百零二個，而較為後人熟悉的，包括「杞人憂天」、「愚公移山」、「朝三暮四」等名言。「杞人憂天」，典出《列子・天瑞篇》，這是一則與杞國人民有關的古寓言，比喻心中有著不必要的或缺乏根據的憂慮。事實上，這則寓言不能算是列子的創見之作，因為出書比他更早的《易經》，在其「姤」卦之爻辭中，即有相同典故之敘述。[5]《列子》一書保存了許多哲理、神話和傳說，是研究中古、上古文化不可欠缺的史料，同時《列子》的思想，還能作為論證古人宇宙觀的依據。據學者研究指出，列子在〈天瑞篇〉中，以「有太易、有太初、有太始、

有太素」，用來敘宇宙的本體論；同時在〈湯問篇〉中，以「上下八方」，用來論述宇宙無窮無盡之概念。[6]

漢・揚雄撰《太玄經》，其書模仿《周易》體裁而成。分一玄、三方、九州、二十七部、八十一家、七百二十九贊，以模仿《周易》之兩儀、四象、八卦、六十四重卦、三百八十四爻。《太玄經》以「玄」中心思想，揉合儒、道、陰陽三家思想，成為儒家、道家及陰陽家之混合體。揚雄運用陰陽、五行思想及天文曆法知識，以占卜之形式，描繪了一個世界圖示。[7]在《太玄經・太玄文》篇中，有如下之內容：

> 罔、直、蒙、酋、冥。罔、北方也，冬也，未有形也。直、東方也，春也，質而未有文也。蒙、南方也，夏也，物之脩長也，皆可得而載也。酋、西方也，秋也，物皆成象而就也。有形則復於無形，故曰冥。故萬物罔乎北，直乎東，蒙乎南，酋乎西，冥乎北。故罔者、有之舍也。直者、文之素也。蒙者、亡之主也。酋者、生之府也。冥者、明之藏也。罔舍其氣，直觸其類，蒙極其脩，酋考其親，冥反其奧。罔蒙相極，直酋相勑。出冥入冥，新故更代。陰陽迭循，清濁相廢。將來者進，成功者退。已用則賤，當時則貴。天文地質，不易厥位。

古代中國之地圖，向來是以「左東、右西，南上、北下」之方位作標示。揚雄《太玄經》書中所稱的「世界圖示」，可算是一張典型的「宇宙圖」，因為〈太玄文〉篇中的「罔、直、蒙、酋、冥」，就是依古代中國地圖的方位概念，界定一個具有三維空間及四時循環的宇宙描繪圖。在《易經》之卦爻辭文字中，雖沒有見到：陰陽、四方、五行、八卦……等具體文字內容，但是從乾卦之「元、亨、利、貞」，「潛龍、見龍、飛龍、亢龍」，「君子、大人」，等相關用詞與意象中，即可窺探出作者藉此作為政治社會與宇宙觀之間的關聯性詮釋。本文參酌

西方結構主義者之理論與方法，以及中國古代文獻《列子》、《太玄經》書中之宇宙觀，並針對本卦之關鍵字詞，分別解讀如下：

元、亨、利、貞

　　《易經》六十四卦之經文，首先進入文本的卦、爻辭，就是乾卦的「元、亨、利、貞」四個字。事實上，宇宙萬事萬物，如果能兼有「初始、護佑、地利、智慧」之最佳狀況與和諧秩序者，他（她、祂、牠、它）們就是最幸福圓滿的個體。古人認為，一陰一陽，謂之道，聖人制易，就是要把宇宙及人事作一關聯。因此，卦辭「元、亨、利、貞」四字，應具有如下之意涵：「元」為宇宙、為時空；「亨」為神明、為貴人；「利」為地利、為利向；「貞」則是指人們觀天法地，遵守秩序與平衡的宇宙自然法則之智慧。臺灣話「元」，讀音如「源」（GOAN₅）；「元」是指萬事萬物之「元命」，是先天注定的命，有如臺灣話所稱的「落土時」（指一個人的生辰八字）。在傳統人生觀中，一個人的元命，是指先天注定的命；元命雖不能由自己作主決定，但能靠後天的修行，以求改運。事實上，「亨」，是指亨通，可以得到護佑而言；而一個人的護佑，是指來自信仰的神、他的祖先之靈，以及人間社會的貴人。臺灣話「亨」，讀音如「興」（HIENG₁）；就是所謂的「神亨」，表示在一座廟宇所奉祀的神明，祂很「亨」；因為眾信都相信祂很靈驗，所以就能有求必應。再如，稱讚別人「真貞」，臺灣話「貞」（TSIEN₁），表示讚許別人很聰明、很有智慧的樣子。臺灣名人王貞治、蘇貞昌，他們姓名中之「貞」字，正有期盼聰明與智慧的意思。

　　在傳統中華文化及一般價值概念中，「地利」與「風水」最具有關聯性；不只人要得風水之利，地球上的各種動植物，也要尋求有利之風水，因為風與水，對牠（它）們一生的生、長、老、死，都有非常

緊要之關係。「利」字,以臺灣話讀音為例子,文讀為(LAI₇),如今年「有利」;白讀為(LI₇),如營商「獲利」。臺灣話「有利」,專指這一年之流年利向而言;例如今年(2013年)歲次癸巳,「大利南北、不利東方」。有利之「利」字,讀音如「內」(LAI₇);值年「有利」者,指當年可以舉行奠安、破土、安葬等大事。再以金門家廟舉行奠安大典為例,當一座家廟新建或重建完工後,該姓氏家族就要擇一良辰吉日,並舉辦一次莊嚴隆重的竣工落成大典。這些家廟奠安大典之擇日原則,必須符合「有利年」而定。所謂「有利年」,就是指歲值大利之年,它是依家廟的座山面向,要能符合「四字利」之大利年。例如,金門東沙王氏家廟於民國七十三年舉行奠安,在廟中立有一方〈王氏家廟奠安誌〉碑,其碑文明載時年適逢歲次甲子年,因家廟之座向是「坐艮向坤兼寅申」,際逢方位均屬大利之年。這是指王氏家廟之座向「四字」:艮、坤、寅、申,流年在甲子年時,均屬清吉大利,所以當年正是家廟舉行奠安大典的大吉大利年。[8]

或躍在淵

　　九四爻辭:「或躍在淵,無咎」。「或」字,疑也;尚秉和先生(1870-1950)解曰:慎審也,與「坤」卦「或從王事」之「或」字,義同。[9]「躍」字,含有活動之意旨。《釋文》曰:上也;活動(Activity)。「淵」字,深也;在《列子》一書中,「淵」字即有十八見。「乾」卦之「或躍在淵,無咎」,有如置身於深淵險境之中,內心要能慎審平靜,並憑熟練技巧以對,這樣就不會有什麼差錯。

　　參證古代文獻之記載,此爻辭含有多層次意義,有宣告、有警示、有提醒;不同對象,各有不同意義,但最終都以無災禍收場。以宇宙萬物而言,有如《白虎通義・節士》曰:「龍入深淵,得其安

所」。以天子、皇帝、君子而言，有如《白虎通義・容經》曰：「志有四興：朝廷之志，淵然清以嚴」。對朝中大臣而言，就如常人所言，公門好修行；有如《中庸》曰：「唯天下至聖，為能聰明睿知，足以有臨也；寬裕溫柔，足以有容也；發強剛毅，足以有執也；齊莊中正，足以有敬也；文理密察，足以有別也。溥博淵泉，而時出之。」又如《荀子・臣道》曰：「仁者必敬人，敬人有道，賢者則貴而敬之，不肖者則畏而敬之；賢者則親而敬之，不肖者則疏而敬之。其敬一也，其情二也。」再如《白虎通義・封禪》曰：「德至淵泉則黃龍見」，《列子・湯問》曰：「引盈車之魚於百仞之淵」。對於平民而言，只要他熟能生巧，如善游者忘水，雖臨百仞之淵，內心就是不會懼怕，有如《荀子・勸學》曰：「積土成山，風雨興焉；積水成淵，蛟龍生焉；積善成德，而神明自得，聖心備焉。」又如《列子・黃帝》曰：「列姑射山在海河洲中，山上有神人焉，吸風飲露，不食五穀；心如淵泉，形如處女，不偎不愛，仙聖為之臣。」更如《詩經》曰：「不敢暴虎，不敢馮河。人知其一，莫知其它。戰戰兢兢，如臨深淵，如履薄冰。」

龍

龍在中國神話與傳說中，確實佔有很重要的地位，但是龍的真相到底如何？就連動物學家，也一直沒有比較確切的答案。從廣義來講，除了龍的甲骨文字形像龍、像能，天文中的蒼龍星宿可以簡稱為「龍」外，也像下雨之後天空出現的彩虹，而「虹」的甲骨文字形，就像兩頭龍；另外打雷時的雷電閃光，也頗像一條飛龍的樣子，這與《周易・說卦》所論述之「震，為雷、為龍」的意境很相似。事實上，中國文化中的龍（Dragon），與美國文化中的火車頭（Locomotive），在文字應用上的象徵意義，看來最為類似。英文 Locomotive 這一個

字，具有「動力、能源、推進力」之意思（Symbolizes power, energy, your instinctive drive）。[10] 過去在大學讀書時代，在修讀美國文學作品及美國文化時，我們都學到火車或火車頭，就是象徵進步的意思。回顧美國之開發歷史，從當初開始使用火車以後，就大大地幫助美國人開拓大西部；因為有火車可以連結美國東、西部的交通，從此火車改變了美國人的生活方式，所以火車可作為美國的進步象徵。[11] 當我們研讀美國文學作品，或觀賞美國西部影片時，如果當中有火車或火車頭（Locomotive）之字眼或鏡頭出現時，我們就應該聯想到進步之意涵。

據學者之研究，結構主義中的結構概念，存在有三個特點：多義性，語境關聯性，和滲透性。[12] 事實上，透過這個結構概念三特點，確實可以幫助我們解讀易經卦爻辭一字多義及象徵意義之作法，而乾卦中的「龍」字，就是一個好案例。龍是中國古代傳說中的神異動物，卻成了中國人的象徵，因此有龍的傳人之說。據中國的神話與傳說，龍是一種象徵吉祥與至尊的動物，歷代帝王也都以「真龍天子」自稱，因此與皇帝有關的事物，就會冠上龍的標記，例如「龍穴」、「龍顏」、「龍袍」、「龍床」、「龍椅」……等。

宇宙四要素：時間、空間、物質、能量。根據專家之解釋，宇宙是由空間、時間、物質和能量，所構成的統一體，它是一切空間和時間的總合。一般理解的宇宙，是指我們所存在的一個時空連續系統，包括其間的所有物質、能量和事件。對於這一體系的整體解釋構成了宇宙論。[13] 另外，根據NASA及相關科學報導，這個浩瀚宇宙，大約是由百分之七十三的暗能量（dark energy），百分之二十三的暗物質（dark matter），和百分之四的普通事物（ordinary matter）所構成的。[14] 目前我們所能理解、觀測、或利用到的能量、物質或事物，低於百分之五，相對於整個宇宙，這個數據確實顯得相當渺小。「龍」的多維性意象，最符合宇宙四要素之論述。「龍」、「能」臺灣話之發音同，

「龍」可假借為「能」；能就是能量，能量是物質的運動，或運動的物質。針對乾卦爻辭所見之「潛龍、見龍、飛龍、亢龍、群龍」，分別再作敘述如下：

潛龍

　　根據動物學家之研究，動物以中止生活活動的狀態去越冬，這就是所謂的「冬眠」（hibernation）。冬眠也叫「冬蟄」，通常是指恒溫動物季節性的非活動狀態，在北半球，時間約在十月至次年三月是冬眠季節。人們研究動物冬眠，主要是針對溫血動物，因為牠們能精確地和有目的地控制自己的體溫，牠們於秋末冬初進入冬眠狀態，到了春季就會覺醒，因為溫度升高而提供身體能量所致。因為冬季氣溫相當低，所以有些動物須要多做休息或冬眠，以節省牠們的體力。乾卦「潛龍」之意涵，可能就像動物一般，因此「龍」也進入冬眠狀態。乾卦初九爻辭：「潛龍，勿用」，應指時令在「冬至」，此時太陽直射南半球，而在北半球的中國北方及中原地區，尚處於天寒地凍之時候，所以須要像冬眠之龍，暫時潛伏不出，而人們也還不適合進取與作為。

　　按，中國曆（Chinese Calendar）是屬於比較特殊的陰陽合曆，以太陽計歲、計日，以太陰計月。據曆法學者研究指出，中曆年為回歸年，亦稱太陽年。地球繞太陽公轉，並依四季寒暑定年、定二十四節氣。太陽年是以「冬至」為歲元，從冬至到下一個冬至為一歲。[15]「冬至」是一歲之開端，依閩、臺之民間習俗，每逢冬至節日，家家戶戶吃湯圓，代表年紀添增一歲，也象徵全家能夠團圓。在冬至這一天，金門地方的很多姓氏，都會在他們的家廟舉行隆重的祭祖大典。

見龍

　　九二爻辭：「見龍在田，利見大人」，意指火龍現身於田地中，此時官員因勢利導，不但可以表現勤政愛民，而且還能施展政府威嚴。「見龍在田」之時節，當在「春分」之際，這也反映出上古先民，他們選在「春分」時候，開始進行傳統火耕種田的熱鬧景象。根據古代天文曆法記載，春分正是一顆紅色的一等亮星、大火昏見東方之時候；在春分前後，農夫開始焚田耕種，因此大地所見到的熊熊烈火與夜晚天上所見之大火星，天上人間之景觀與意象，皆頗相似。大火星，中國古代又稱大火，是東方蒼龍七宿中心宿的第二星，是指心宿二（α Scorpio／天蠍座　α）。大火星，是西方星象天蠍座的主星，英文名 'Antares'，它是一個紅超巨星，用它來確定季節。[16]傳說中國在四千多年前顓頊時，就設立了「火正」的官職專門負責觀測這顆大火星。商朝主祀此星，所以大火星也叫做「商星」；大火也叫「大辰」，所以商星也叫「辰星」，因為蒼龍之心宿，正當春分大明，因之以候四時，故曰「辰」。

　　據說觀象授時，唐堯時代才有，據《尚書・堯典》記載：「曆象日月星辰。」火正掌火曆，他只觀察大火星（心宿）的顯穩行止，不提建子（周）、建丑（商）、建寅（夏），而以大火昏見為一個新的農事周期的開始。據《春秋左傳・襄公九年》記載：「古之火正，或食於心，或食於咮，以出內火，是故咮為鶉火，心為大火，陶唐氏之火正閼伯，居商丘，祀大火，而火紀時焉，相土因之，故商主大火，商人閱其禍敗之釁，必始於火，是以日知其有天道也。公曰：『可必乎』。對曰：『在道，國亂無象，不可知也。』」火正閼伯、相土，他們都是殷商的祖先。

　　據中國古代天文之記載，一年四季「昏見」的星象，是從東向西移動的，例如春季黃昏，蒼龍在東方，夏季則蒼龍在南方，秋季蒼龍在西方，到了冬季，蒼龍就不見了（在北方）。事實上，從秋分起，經冬至到春分，蒼龍主體星宿與太陽同出同入，白天因太陽亮度太強了，所以才有半年看不到龍星之現象。大火「昏見」，是指黃昏時候觀察大火星在天幕上的位置。據學者研究指出，原始農業以焚田為生產工作的第一步，因此對於時間一定要有準確的把握。火對於農業生產的意義，使得「大火星」對於時間的重要性越發顯現出來了，這使大火星逐漸成為中國古代傳統的觀象授時之依據。[17] 以大火星作為季節占候之恆星，因此上古曆法，可以「火曆」代稱。呂紹綱（1933-2008）在《周易闡微》書中指出，火曆與後世曆法的重大差別是，它不以建子或建寅為歲首，而以大火昏見為一個新的農事周期的開始。

飛龍

　　九五爻辭：「飛龍在天，利見大人」，意指如蛟龍般飛騰在天空中，此時有利於官員勤政愛民並展現其威權。按節氣時令，「飛龍在天」，意指「夏至」；夏至是太陽曆二十四節氣之一。夏至在春分之後，它與冬至相隔半年；在北半球的中國，「夏至」此日太陽幾乎直射北回歸線，是白晝最長的一天。依星象觀察可知，到了夏至前後，在北半球的夜晚星空，蒼龍七宿所屬之星宮，已經完整地高掛在中天；這時蒼龍七宿之排列形狀，頗像一條神龍飛騰在星空之景象。古時有「夏至節」，又稱「夏節」，它不但是一個重要的節氣，還是中國民間重要的傳統節日。自古以來，夏至吃麵是很多地方的重要習俗，在中原地區，夏至新麥都已登場，所以先民在夏至吃麵，帶有農業收成及嘗鮮過節的意味。

亢龍

　　月亮以地球為中心，月亮圍繞地球公轉一周約為廿八日。古代中曆將黃道和天赤道附近的天星，劃分為二十八個區域，月球每天經過一區，一區稱一宿，天宮共計二十八宿。二十八宿分成四組，每組七宿，其中蒼龍七宿：「角、亢、氐、房、心、尾、箕」。亢宿為東方七宿第二宿，亢宿有星官七個，其中「大角」星是蒼龍的角，代表帝座。大角本為角宿之星官，由於它最亮，所以角宿才列二十八宿之首，後因它入亢宿二點五度，才把它編入亢宿。上九爻辭：「亢龍，有悔」，表示觀望天宮星球，看來頗像夕陽一般變大、變壯，卻將西沉消失，這時心中興起一些感傷與懊悔。

　　「亢」字，小篆字形，象人之頸頰。[18]「龍」字，泉州腔讀音如「能」（LENG₅），轉調如「乳」（LENG₁）。「亢龍」兩字連讀，臺灣話讀音如「哄乳」（HONG₂ LENG₁），這是稱讚嬰兒之臉頰，長的圓圓、胖嘟嘟的，就像黃昏夕陽變大、變壯之樣子。臺灣話「面哄哄」（MIN₇ HONG₂ HONG₂），表示臉腫腫的，好像剛被人重重打過，因而顏面呈現浮腫之樣子。本爻之時令節氣，當指「秋分」。據《說文・龍部》曰：「龍，鱗蟲之長，能幽能明，能細能巨，能短能長。春分而登天，秋分而潛淵。」「虫」字，甲骨文字形像動物出生前之精子狀，現今繁體字寫成「蟲」；「虫」、「人」，臺灣話同韻。亢宿星宮代表帝座，而亢宿及心宿的大火星，同屬蒼龍七宿之星，秋季蒼龍在西方，它們都在秋分後消沉，到了冬季蒼龍就不見了。據學者之研究，古代大火星「昏伏」在西方的時刻，恰好是在秋分之附近。[19]蒼龍星宿在秋分後消沉不見，這與《說文・龍部》「秋分而潛淵」之說，不謀而合。

事實上，爻辭「亢龍，有悔」，至少含有二種意象：一、取蒼龍心宿大火星昏伏西方的時候為象，此時蒼龍亢宿之星宮正緊跟在後，但它們也即將西沉消失；而此時之景象，最像黃昏日落前的夕陽，從其形狀看起來，它們都要比平常所見者變大、變壯一些，同時有如嬰兒之「哄乳」一般；二、藉「亢龍」一詞，引申為殷商末代天子、紂王的驕傲、囂張、濫權，因其剛愎自用而不斷膨脹自己的威權，其暴虐無道之凶惡狀最像夕陽變大、變壯之樣子。但是，這些都是一種假象而已，最後之結局，就是周武王滅掉商紂王。總而言之，本爻辭具有以星象「亢龍」象徵政治上的朝代更替，對於暴君紂王及其殷商子民而言，確實要讓他們仰天長嘯而懊悔不已了。

群龍

用九爻辭：「見群龍無首，吉」，意指夜幕低垂後，大地現出一片平靜，而天上卻是滿天繁星好夜色；這時候雖然看不到太陽，卻讓人感覺到很祥和。事實上，乾卦之前六爻，藉「蒼龍」論述分至四時，用多一爻，以「群龍」代表寧靜夜晚及吉祥結局。「見群龍無首」，「見」者，顯現也，象徵夜晚呈現在宇宙星空中的所有恆星；太陽雖然也算是其中的一員，但是日落後就不見了。地球、月球是太陽系的二個行星，太陽因距離我們最近，讓我們感覺在宇宙眾多恆星中，太陽是最大顆、最閃亮、最偉大的一顆星球。事實上，時當殷末周初，人間經過一番爭戰以後，政治、社會環境又重歸於寧靜與安定，且讓大家都能安居樂業。天道協調，百姓也能和諧相處，這未嘗不是一件人間的吉祥好事。《周易·象辭》有曰：「乾道變化，各正性命。保和太和，萬國咸寧」，似可作為乾卦「見群龍無首，吉」的一個最佳寫照。

四 六十四卦之聯通

乾卦位在《易經》六十四卦之首，乾卦是以天為象，除敘述四時變化外，卦中還有論述宇宙與人間之關係。「乾」者，健也，如人之孜孜不倦，如天文星象之運行不息。乾卦共有五個「龍」字，龍是天上恆星及太陽之象徵，太陽則是離我們地球最近的恆星（Stellar）；在宇宙星空二十八宿中，有東方「蒼龍」七宿之星宮。在乾卦爻辭中，作者以「潛龍勿用」、「見龍在田」、「飛龍在天」、「亢龍有悔」，分別敘述最關鍵性的恆星，它們在宇宙星空所出現的位置，及其週期性運行之狀況。最後，再以「群龍無首」表示，夜間可以在廣袤宇宙天空看到無數的恆星，唯獨沒有太陽。在同一卦中，共有五個「龍」字，臺灣話「龍」字與「能」字，音同、義同。臺灣話「龍」之發音，如「能」（LENG5）。[20]甲骨文有「龍」無「能」，在上古時代，這兩個字似可通假。有學者考證認為，「龍」字甲骨文與金文之字形，與「蒼龍」七宿星象之排列圖形，確實相當神似。[21]因此，本卦所用之「龍」，應指天文星象之「龍」，也就是二十八宿之東方「蒼龍」。因為乾卦取龍為象，也有學者認為，聖人以「龍」來形容「能」，取其有變化無窮之活動力。[22]「能」字，含有動能（Dynamics）或太陽能（Solar Energy）之意思。在傳統中華文化中，有天子是人間之龍的說法。皇帝就是天子，他是人間最具有威權的人，他的威德像太陽，可以普照大地，可以撫卹萬民。

《易經》「龍」字六見，包括乾卦五、坤卦一。《易經》「龍」字，可以泛指：恆星、太陽；或從自然界產生的光、火、力、彩虹、雷電、能源、磁波等等，可見或不可見之宇宙現象；或人間習用的生肖、形容詞，或政治上的天子、帝王；這些都屬於廣義上的「龍」。

至於在遠古、上古時代，不論宇宙間是否有真龍的存在，也不會影響聖人借用「龍」字，以作恆星或太陽之代名詞，或引申作為各種光、火、電、能……等名詞的象徵意涵。

乾、坤

《易經》中的乾卦與坤卦，同樣是以天象作為卦之意象，同樣都具有描述宇宙與政治的關聯性，但是乾卦之內容，卻比坤卦更具體敘述上古時代的宇宙觀，以及與當時的政治社會結構的關聯性。乾卦是以太陽為象，並以地球公轉太陽所造成的天象變化，作為主要論述內容。在乾卦中，「龍」字共有五見，其中「潛龍、見龍、飛龍、亢龍」，可以代表宇宙空間的上下四方及時間的二十四節氣。事實上，在乾卦之爻辭中，潛龍（冬至）、見龍（春分）、飛龍（夏至）、亢龍（秋分），可分別代表四時的變化；而且代表宇宙時空及人間政治社會之關聯結構。坤卦是以太陰為象，並以月球公轉地球之運行位置，作為主要論述內容，因此在坤卦爻辭中，分別有代表「望日、日蝕、月蝕」之天文景象的敘述。在坤卦中，「龍」字只有一見，即上六爻辭「龍戰於野」之「龍」。事實上，「龍戰於野」亦含有一語雙關之意涵：一指商紂王與周武王之間的「牧野之戰」，代表朝代的結束與政治的更替；一指彩虹出現在郊野天空之中，代表一種不尋常天象之發生，含有對世間人類的一種警示作用。

坤卦以太陰為象，太陰是指月球。月球和太陽一樣，都屬於宇宙天文中的星體，古人有「觀乎天文，以察時變」、「樂天知命，故不憂」之智慧。所謂天，就是自然規律，這也是月球繞地球運轉，和太陽光普照大地之自然法則。古人認為，人們只要依照自然法則規律去辦事，就能得吉而無憂。君子治國要有智慧，行事積極，態度柔順，

這樣才算合乎天道。「乾」卦有「君子終日乾乾，夕惕若厲」之爻辭，「坤」卦則有「君子有攸往，先迷後得主」之卦辭，及「含章，可貞；或從王事，無成，有終」之爻辭，這些卦、爻辭內容，都在強調處事要能順天行道之重要性。

元亨利貞

　　在《易經》六十四卦之卦辭中，同時含有「元、亨、利、貞」四字者，共有七個卦：乾、坤、屯、隨、臨、无妄、革。其它五十七個卦，有單用一字如「元」、「亨」、「利」、「貞」者，或合用兩字如「元亨」、「利貞」者，坤卦則以「元亨，利牝馬之貞」為辭。《易經》有六卦以「元、亨、利、貞」四字連用，如果從時機因素（Timing）觀之，在乾卦，它代表一種宇宙萬事萬物最好情況之 Timing；在屯卦，可以代表諸侯建國的 Timing；在隨卦，表示出門救父的 Timing；在臨卦，代表如何防範災禍的 Timing；在無妄卦，是暗喻出外行商求利的 Timing；在革卦另有「巳日乃孚」之辭，這是代表祭祀儀式改革之 Timing。

　　在《易經》六十四卦之卦、爻辭中，「孚」字共有四十二見，代表經文對於「孚」字的意義與價值的重視。在各卦中之「孚」字，均可作「誠信」解，意指每一個人心中之「誠」或「信」的態度。如果把《易經》「元亨利貞」四字，加上一個「孚」，去進行詮釋解讀，對於經文全盤之意涵與作用，就更能看出聖人的精心擘劃與設計。王愛和博士在〈四方與中心：晚商王族的宇宙觀〉一篇文章中，說明他是以結構系統分析法，進行研究晚商王族的宇宙觀問題，最後他提出的結論，就是「四方與中心」宇宙觀的多層性與多維性。[23] 如果以王愛和博士「四方＋中心」之晚商宇宙觀，對照《易經》「元亨利貞＋孚」之組

合，更可幫助我們理解，在商末周初當時的宇宙時空、政治社會、人文思想所形成的一個結構體系與宇宙價值觀。

五　結論

　　古人觀象授時，所觀察之星象，就是指恆星之行移，這也是地球公轉太陽所造成的天象變化之結果。中曆以「冬至」日作為歲元，而春分與秋分，是制定太陽曆最重要的兩個基點。依據學者研究認為，「春分」與「秋分」兩分點的測定，是古人確定方位的基礎，通過兩分日的距離，就能順利找到冬至與夏至。這種測得兩分點的古老做法，導致了後來四時、八節與方位的結合。[24]乾卦爻辭「潛龍、見龍、飛龍、亢龍」之經文意象，與廿四節氣「冬至、春分、夏至、秋分」之秩序平衡，兩者之意涵互為關聯。乾卦爻辭之「龍」，應指天上「蒼龍」七宿之星宮，而爻辭內容依據「蒼龍」星宮之回天運轉週期，分別論述地球上「冬至、春分、夏至、秋分」之時空自然法則。事實上，馮時教授在古代天文星象領域之研究成果，對於了解古代「觀象授時」與「分至」之測定，以及解讀乾卦爻辭之「龍」的相關內容，具有相當多的助益。

　　對於中國古代之宇宙觀，透過西方結構主義之理論方法，及《列子》與《太玄經》二書之佐證，即可幫助我們體認出，在乾卦中有關宇宙時空與太陽地球，及君王大臣與大地子民之間的緊密關聯性。在《列子・天瑞篇》中，先賢以「有太易、有太初、有太始、有太素」，用來敘宇宙的本體論；同時在〈湯問篇〉中，以「上下八方」，用來論述宇宙無窮無盡之概念。漢朝揚雄撰《太玄經》一書，在書中他首創「罔、直、蒙、酋、冥」之論說，這是一個具有三維空間及四時循環的宇宙描繪圖，與乾卦藉著天文星象「蒼龍」星宿之行移變化，用

來描繪太陽曆之「冬至、春分、夏至、秋分」，在宇宙觀念與四時排序上，兩者頗為一致。臺灣俗話常說：「天行照甲子，做人照道理」，「甲子」，含有宇宙運行法則及時空變化之意涵。宇宙之運行、四時之變化，都有一定之準則；做人做事，也要遵循宇宙自然法則，這才是有智慧的表現。反之，如果人君治國無方且暴虐無道，到此地步，就是改朝換代之時候了。在歷史上，夏桀、商紂之滅亡，就是很好的證明。

乾卦之卦爻辭，以「元亨利貞」為開端，以「見群龍無首吉」作結尾，表示乾卦是以宇宙天象，作為最尊貴與吉祥之象徵典範。俗話說，「天時、地利、人和」，才是獲得成功的三大要件。《易經》乾卦首先以「元、亨、利、貞」四字，用以揭露宇宙間萬事萬物，他（祂、她、牠、它）們的初始、護佑、地利、智慧，都能得到最好的秩序和諧與幸福美滿。從「元、亨、利、貞」四字，可以理解宇宙時空，及萬事萬物之間的緊密關聯性。在臺灣人日常生活中，早就存有「一命、二運、三風水、四讀書、五積陰德」或「一命、二運、三風水、四積德、五讀書」之人生命運觀念。「一命、二運、三風水」指向先天性因素，但對萬物萬事而言，命運仍然可以掌控，例如催生一個新的政策或制度，如事先有一周全的規劃與溝通，就能創造出更完美的結果。在後天性因素中，「讀書」才是改變人生命運的鑰匙，因為讀書可以吸收經驗，這是增進知識與智慧的必要過程。人要求「貞」，才能得到智慧。另外，「積陰德」，包括與人相處時的「口德」與「善心」，及各種施捨之「善行」，都是人生在世的修行法門。總而言之，多讀書、長見聞，常積功德、廣結善緣，這樣才能創造出更幸福美滿之人生與未來。

注釋

1 王愛和：《中國古代宇宙觀與政治文化》（上海市：上海古籍出版社，2011年），頁2-11。

2 "Structuralism, Wikipedia", at http://en.wikipedia.org/wiki/Structuralism.（2012/12/20）。

3 王愛和：《中國古代宇宙觀與政治文化》，頁67-95。

4 維基百科〈結構主義〉：（http://zh.wikipedia.org/wiki），2012/12/21

5 廖慶六：〈淺釋易經姤卦〉，《國文天地》，328期（第28卷第4期），2012年9月，頁146-152。

6 莊萬壽：《新譯列子讀本》（臺北市：三民書局，1981年），頁28-32。

7 百度百科《太玄經》：http://baike.baidu.com/view/772207.htm（2012/12/28）。

8 廖慶六：《浯洲問禮：金門家廟文化景觀》（金門縣：金門縣文化局，2008年），頁94。

9 尚秉和：《周易尚氏學》（北京市：中華書局，1998年），頁36。

10 "Dream Dictionary", at http://www.mythsdreamssymbols.com/ddl.html.（2012/12/25）。

11 Cratty, R. R. 'How American locomotives became the symbol for progress,' "Examiner.com", at http://www.examiner.com/article/how-american-locomotives-became-the-symbol-for-progress.（2012/12/25）。

12 （比）J. M.布洛克曼著、李幼蒸譯，《結構主義》（新店市：谷風出版社，1987年），頁8-9。

13 維基百科〈宇宙〉：（http://zh.wikipedia.org/wiki），2012/12/19

14 《牛頓科學雜誌》，62號（2012年12月），頁76。

15 鄭天杰：《曆法叢談》（臺北市：中國文化大學，1985年），頁153-154。

16 維基百科〈心宿二〉：（http://zh.wikipedia.org/wiki），2012/12/30

17 馮時：《中國天文考古學》（北京市：中國社會科學出版社，2010年），頁177-178。

18 高樹藩：《正中形音義綜合大字典》（臺北市：正中書局，1977年），頁136。

19 馮時：《中國天文考古學》，頁178。

20 陳成福：《國臺音彙音寶典》（臺南市：西北出版社，1991年），頁164-165。

21 馮時：《中國天文考古學》，頁415-416。

22 張淵量：《周易天文學》第一集（臺北市：編者，1975年），頁41。

23 王愛和：《中國古代宇宙觀與政治文化》，頁95。

24 馮時：《中國天文考古學》，頁209。

第二講
淺釋易經坤卦

一　前言

　　詩仙李白的〈靜夜思〉，是一首家喻戶曉的唐詩，其詩云：「床前明月光，疑是地上霜；舉頭望明月，低頭思故鄉。」學者對於詩中「明月」之用字版本問題，雖然曾經引起很大的爭議，但大詩人藉「明月」以言志之情境與意象，及廣受古今中外、千萬世人最喜愛吟唱之事實，確是毋庸置疑。

　　《易經》六十四卦之排序，是以「乾」、「坤」為首，兩卦又以天象論卦，其中「乾」卦以太陽為象，「坤」卦則以太陰為象。太陰是指月亮而言，在視覺上，月亮的體積大小，幾乎和太陽相等；它們在廣袤宇宙星空中，是地球上人類所能見到的兩顆最大、最明亮星體，它們同樣也是對地球與地球上的萬物，最具有直接的影響力。根據天文科學家研究指出，月亮是地球的唯一衛星，而地球與月亮，同屬太陽系的行星。地球繞太陽，月亮繞地球，都要依靠巨大的推動力。再者，月亮比太陽更靠近地球，兩者與地球的距離，相差約近四百倍，因此月亮對地球潮汐及人類行為之影響，更加巨大無疑。

　　易經「坤」卦之內容，以月亮繞著地球運轉的宇宙天象為依據，並論述地球與月球之間的關係。卦中以君子奉侍君王，及牝馬跟隨團隊之態度與智慧為例，敘述人間以下對上、以卑對尊的柔順態度。陰

曆是以月亮之盈虧週期為依據，而本卦則以月球運行及朔望天象為核心，論述在朔、望日所產生的日蝕、月蝕等特殊天文景象，以及其中所蘊含的有關世事變化之義理。本文試以語言文字及天文曆法之研究文獻與方法應用，進行解讀坤卦之卦、爻辭。為了探索全卦經文內容，本文將依照卦爻辭之解釋、關鍵字辭之解釋、六十四卦之聯通，三個段落順序，分別敘述個人鄙見，並就教於方家。

二 卦、爻辭之解釋

卦辭：坤：元亨；利牝馬之貞；君子有攸往，先迷後得主；利西南得朋，東北喪朋；安、貞，吉。

譯文： 論坤之卦：遵循天地運行法則者，會得到很大的護佑；母馬具有敏銳辨識能力，讓牠知道如何面對環境；君子有前進機會，偏離正道則會造成迷惘，最後終於找到新的君主；當發生日蝕或月蝕天象時，從其西南方看到回復的明光，它原來是從東北方向消失的；人要平安順利，就要以智慧行事，因為這是獲得吉祥之徵兆。

初六：履霜，堅冰至。

譯文： 〔十五望日〕踏在白霜一般的地上，終於可以看到冰輪般的滿月，已經高掛在星空之中。

六二：直方，大。不習，無不利。

譯文： 〔月球公轉〕月球公轉之方向，和地球保持垂直之角度，且不斷繞著地球向前運轉。月球距離地球雖遠，但其推進動能卻很大。月球不用拍動翅膀飛翔，但不會對它的運行造成不利影響。

六三：含章，可貞；或從王事，無成，有終。

譯文：〔明哲保身〕有才華、美德之士，其行事態度卻很含蓄保守，但可以用他的智慧去面對一切。君子如果決定出來奉侍君王，就不能有居功之心，這樣才會有個善終之結局。

六四：括囊，無咎、無譽。

譯文：〔發生日蝕〕有如月亮完全蓋住了太陽，這種情況雖然不是月球的錯，但它無法因此而獲得好聲名。

六五：黃裳，元吉。

譯文：〔月蝕現象〕月亮蒙上一層紅橙色面紗，它好像仕女身上所穿衣裳之高貴，這本是吉祥之徵兆。

上六：龍戰于野，其血玄黃。

譯文：〔山河變色〕有如兩隻蛟龍在郊野中決戰，最後敗者的紅橙色血液，就朝天空中噴出來。

用六：利永貞。

譯文：做人要知道常保智慧，這樣才能求得平安與順利。

三　關鍵字辭之解釋

　　「坤」卦，以太陰作為物象，太陰，就是指月亮而言。中國自古建國之曆法，概以太陰曆為主。在陰曆一個月當中，平均約有三十天，而每一個太陰曆之月相，大致可分成六個階段：初晦（初三），上弦（初八），滿月（十五），初虧（十六三），下弦（二十三），朔月（三

十）。其中，初三之新月，臺灣話以「月晦」（GOEH₈ BAI₅）稱之。中國自古以農立國，因此民間通行農民曆；農民曆，它兼含太陽曆之二十四節氣，及太陰曆之傳統民俗節日。事實上，以太陰曆記錄的朔、望、日蝕、月蝕等日期或現象，造成很多相關的天文故事與傳說。明亮之月光，係來自太陽光之照射，當一輪明月高掛天際時，正是人們最喜愛的星空夜晚，這也是文人吟詩作詞的好題材。自古以來，人們對於種種月相之變化，均保持敬畏之心，同時在行事態度上，也常以它做為警勵之鑒。在臺灣話中，有「有時月光，有時月暗」之說法，這是一句以月亮圓虧做比喻，並針對遭遇到挫折者所說出的勉勵用語。

聖人藉月亮之運行，以作「坤」卦卦、爻辭之內容。如果從文學角度去欣賞坤卦經文，可以發現作者在文字之遣辭用字，象徵意義，及辭章語法之設計與安排上，確實表現得相當高明與奧妙。在六個基本爻中，分別以「履霜、直方、含章、括囊、黃裳、玄黃」置於各爻辭之首或尾，而這六個字辭，正是解讀本卦最關鍵之所在。再者，「履霜、直方、含章、括囊、黃裳、玄黃」，雖用在六個不同爻辭之中，但是「霜、方、章、囊、裳、黃」，這六個字之韻母，卻是相同。[1]茲分別介紹如下：

履霜

初六爻辭：「履霜，堅冰至」。這是指每逢十五是望日滿月，在晚上你會有機會看到最明亮的月光；當你出門踩在地上時，就仿如雙腳踏在白霜之上一般。天空高掛一大顆冰輪般的月亮，此情、此景，詩人最有感覺。唐朝詩仙李白，他有一首膾炙人口的〈靜夜思〉，此詩就是以望日夜光作為題材，詩云：「床前明月光，疑是地上霜。舉頭望明月，低頭思故鄉。」因為月光以十五、十六之夜晚最為明亮；當目睹

月光照在大地上時，詩人就以「地上霜」形容它，這也是爻辭「履霜」的最佳寫照。

　　十五是望日，此時月亮潔白如堅冰，天空一輪滿月看似結冰的積雪。中國歷代以來，在眾多詩歌文學作品中，對於月亮就有許多不同的雅稱，而含有「冰」字者，包括有：冰鏡、冰輪、冰盤、冰壺、冰鑒、冰魄。其中，冰鏡、冰輪、冰盤，均指滿月而言。[2]爻辭「堅冰至」，意指一輪滿月高掛天空之景象。另據《漢典》所引用之文獻，古人以「冰輪」代稱「明月」者，包括：唐・王初〈銀河〉詩：「歷歷素榆飄玉葉，涓涓清月溼冰輪」；北宋・蘇軾〈宿九仙山〉詩句：「夜半老僧呼客起，雲峰缺處湧冰輪」；明・吳承恩《西遊記》第二五回：「行者道：此時萬籟無聲，冰輪明顯，正好走了去罷」；京劇《貴妃醉酒》：「海島冰輪，初轉騰，見玉兔，玉兔早又東升。」[3]以上數例，謹錄於此，以供參佐之用。

直方

　　六二爻辭：「直方，大；不習，無不利」。「直方」、「習」，是本爻最關鍵之字辭。「習」字，從其形、音、義觀之，有飛翔或推進之義。按，「習」字，其甲骨文字形，有如鳥振翅飛動之狀。臺灣語文學家陳冠學（1934-2011），他以臺灣話注「習」，音PET[8]，乃撲翅的意思。[4]《說文》解其義，曰：「數飛也」。另據《正中形音義綜合大字典》之考證，曰：甲文「習」，會意、形聲字，從羽從日，有日日不間斷，振羽以飛之意。[5]「直方」的意思，應與月球公轉運行之方向與原理最有關係。綜合美國太空總署（NASA）、各地天文臺、維基、百度百科網站等相關單位提供之資訊而知，空中旋轉物體的動量，科學家稱它為「角動量」（Angular Momentum），而地球、月球系統要考慮的角動量有

三：地球的自轉，月球的自轉，及月球的公轉。

　　首先，讓我們舉「佛萊明右手定則」（Fleming's Right Hand Rule，又稱「發電機定則」）為例證。我們可以右手三根手指互相垂直作為說明：拇指的方向是導體移動（Motion）方向，食指的方向是磁場（Field）方向，而中指的方向，則為產生的電流（Current）方向。這項定則與電學、磁學及電動力學有關，它是由英國電機工程師約翰‧佛萊明（Sir John Ambrose Fleming, 1849-1945）所創造的定則，藉它可以求出導體在磁場下移動時所產生的電流方向。[6]

　　再來，讓我們進一步了解「科里奧利力」（Coriolis effect）理論。據報導，「科里奧利力」以牛頓力學為基礎，其理論是以旋轉體系為參照系。「科里奧利力」，由法國氣象學家科里奧利氏（Gaspard-Gustave Coriolis, 1792-1843）於一八三五年提出的。人們為了描述旋轉體系的運動，因此需要在運動方程中引入一個假想的力，這就是「科里奧利力」。引入「科里奧利力」之後，科學家可以像處理慣性系中的運動方程一樣，簡單地處理旋轉體系中的運動方程，它可大大簡化旋轉體系的處理方式。由於人類生活的地球，本身就是一個巨大的旋轉體系，因而「科里奧利力」很快在流體運動領域取得了成功的應用。[7]一般情況下，人們認為地球核心是一個主要由鐵和一部分鎳組成的固態核心，根據上述「科里奧利力」理論，人們相信外核中的對流，加上地球的快速自轉，就是藉由發電機理論，這也是產生地磁場的原因。[8]

　　月球是地球唯一的天然衛星，月球在宇宙星空（Space）所處的位置，及月球公轉運行時之方向，都與地球保持一個垂直的角度。依上述「佛萊明右手定則」，對照月球公轉（代表Motion）、地球方向（代表Field）、及月球自轉（代表Current）三者關係，發現它們似乎和右手三根手指所形成之垂直方向關係，互相吻合。而「科里奧利力」對於旋轉體系中質點的直線運動理論，也和地球月球系統中，包括地

球的自轉，月球的自轉，及月球的公轉，三種角動量確實有關。據此推論而知，爻辭「直方」所指之對象，應與地球及月球有關，尤其是月球公轉之方向，一定要與地球保持一個九十度之垂直角度。換句話說，在坤卦經文中，首揭「直方，大；不習，無不利」之語句，從此爻辭可以看出，先賢對月球公轉理論或程式，已早有論述；如果說它是一項古人重大的天文發現，亦不為過。

爻辭「直方，大；不習，無不利」之整體意思，指月球繞地球運行之方向，和地球永保垂直之角度，並不斷地向前運行。月球依「直方」理論作公轉運動，與木工靠「角尺」畫圓、做家具之原理頗為相似。地球或月球，本身都擁有巨大的推進動力，因此不必像天空中的飛鳥，必須不斷地拍動翅膀，這樣才能讓飛鳥保持向前飛行。爻辭係以月球的運動關係為核心內容，而「直方」有如「佛萊明右手定則」或「佛萊明左手定則」所示，針對地球自轉，月球自轉及公轉，說明三者之間所形成的直角與方向關係。按，「直方」者，指空間之關係，它具有三度空間之概念。哲學家程石泉（1909-2005）指出，所謂之空間，因星雲世界而有。他認為，直者直線（Lines），方者成三角、四角、或多角、或多角形、或圓形、或橢圓形之場，或面積（field or area）。[9]「大」者，指月球之運動力道很大，表示它擁有一個巨大而無形的「科里奧利力」。「不習」者，指月球可以恆常運行，它不須像飛鳥要靠振翅。

月球之自轉、公轉運動，就像一部發電機或電動機。月球是地球之衛星，若依當今主流的地月系統形成理論是「大碰撞說」（Giant Impact Hypothesis），那麼月球自轉與公轉之方向與動力來源，一定與地球有密切關係。月球公轉之原理，可能與磁浮列車之推進系統（Propulsion System）原理很相似；兩者之運行原理可能相同，只是規模與速度有所差別。依據現有資料顯示，磁浮列車的行駛，是採用磁

力懸浮之原理（Magnetc Levitation），它靠磁浮力來推動列車。由於其軌道的磁力使之懸浮在空中，列車行走時不需接觸地面。若以速度而言，月球公轉每秒約走一公里，每小時約向前推進三千六百公里，比目前磁浮列車行駛之速度，大約快上十倍。

含章

六三爻辭：「含章，可貞。或從王事，無成，有終」。這個爻辭之意涵，是在描述身為舊朝之貴族大臣，在他心中雖然懷有興邦復國之志，但眼前環境卻已有大改變，因此不敢再想能有所成。目前面對逆境，所以他必須適時調整自己的心態。「章」，美也，可指一個人的才華或美德。含章，形容一個有才德之臣子，他的做人處事態度卻很謙虛含蓄。事實上，當一個人身處於逆境或大變革時，就不要輕意暴露自己的才華，而行事態度也要更加保守。此外，他要以智慧去面對一切；當他要去面對新朝國君時，就要採取比較柔順含蓄而且低調之態度，如此才能求得一個善終之好結局。

括囊

六四爻辭「括囊」，據《廣雅・釋詁四》曰：括，結也；《方言》十二：括，閉也，猶言束緊。囊，古字，音奴當切，義口袋。據字書云：金文囊，上從束省，中為已盛物之袋，下乃束合之結。[10]括囊，與囊括之義同，是把物納入袋，把囊袋打結、束緊之義。臺灣話有「總囊」（ZHONG₁ LARNG₂）之說，表示一個人囊括一切，他要全盤皆包，如果是分配財物的話，這樣就會得罪很多人。如果是針對發生日全蝕之現象而言，「括囊」有形容月球完全蓋住太陽之意思。事實上，

這種宇宙天象，並不是全由月亮單一星球所造成的。日蝕現象，是因地球、月亮、太陽三者排列成一直線，月亮排中間，時間在朔日。從地球觀之，好像是以小遮大，這是因距離遠近所形成的視覺效果。如果引申在人間世事上，就好像小官搶大官之光彩，或君子重臣居功不讓其君王。更有甚者，以小遮大，有子弒父、臣弒君之喻，這些倒行逆施之行為，將使人神共憤，他們無法因此而博得好名聲。六四爻辭：「括囊，無咎、無譽」，意指發生日全蝕之短暫時間內，月亮會完整地蓋住太陽，當發生這種情況，它雖然不是月球的錯，但也無法因此而獲得好聲名，或增強月球在星空中的光芒。「譽」，臺灣話之發音為GIA₅；「好譽」，通常是對有錢人的一種稱羨話。

黃裳

六五爻辭：「黃裳，元吉」。人類開始過群體生活，從此有更多社交活動，大家穿上衣裳相見，表示彼此更知道廉恥。《世本・作篇》記載：「伯余作衣裳」，伯余為黃帝之臣。《周易・系辭下》及《後漢書・輿服志》曰：「黃帝、堯、舜垂衣裳而天下治」。遠古時候，統治者定衣裳之制，示天下萬民以禮；人人遵從禮制而守法，這樣才能使社會變得更文明，國家才能得到太平。「裳」字，《說文》：「下帬也。」《釋名》：「下曰裳。裳，障也，所以自障蔽也。」《詩經・邶風・綠衣》云：「綠兮衣兮，綠衣黃裳」，從此詩句，可以理解古人上身穿綠衣，下著黃裳。古代仕女身穿黃裳，當時所稱之「黃」，應指橘紅色而言，它含有尊貴之意思表示。

古時候「黃」字，在顏色使用上，應與「金黃」的「黃」，略有差別。「金黃」意指真正的「黃」，簡稱為「金」。自古以來，臺灣話俗稱的「金」色或「金黃」色，與現代人通稱的「黃」色，意思略為相

同，例如把具有美麗「黃」色外皮的南瓜，稱之為「金瓜」，因為南瓜成熟後，皮、肉都是呈現金黃色。另外，臺灣話稱水果「黃」了，表示該水果已經成熟變「紅橙色」了，例如木瓜黃了，稻子黃了。成熟變「黃」之意思，意指外皮變成紅橙色或橘紅色（reddish-orange）。英文reddish-orange，譯成中文，是指橘紅色或紅橙色而言，它是一種紅中略帶黃橙之顏色，或比較接近紅色的紅橙顏色（an orange color closer to red than to yellow）。若以此概念解讀古字「黃」，並與臺灣話所稱水果「黃」（NG$_5$）之意思作一聯想，那就比較容易理解古代經文中，「黃」字之本意了。現代人習用的「紅」字，甲骨文、金文均未著錄；上古時代「黃」字，用以表明顏色時，當可作「橘紅色」或「紅橙色」解。

如果以「黃」字用在描述月蝕之狀況，那就是，當發生月蝕時，月亮並沒有完全失去明光，只是變成橘紅色（reddish-orange）而已。科學家告訴我們，當地球、月球和太陽在一條直線上時，才會出現蝕（eclipse）的天象。發生月蝕（lunar eclipse）之情況與日蝕（solar eclipse）不同，例如日全蝕時，月球完全遮住了太陽光芒，所以暫時看不到太陽及月光。反之，發生月蝕時，是月球走進地球的陰影，在半影時仍感覺不出月光的消失；當月球走進地球的本影，月亮也沒有完全失去明光，只是變成橘紅色。從月亮運行軌跡觀之，每年全球至少發生兩次月蝕。遠在古代中國，從殷商甲骨卜辭中，也可發現中原地區曾經發生過月蝕之記錄。例如，在倫敦大英博物館收藏殷墟甲骨中，有一卜辭記載：「庚申月有食」。曆法專家據此考證得知，本次月食發生在殷武丁二十九年十二月十五（庚申）日，換算成西曆，合於西元前一三一一年儒略曆（Julian Calendar）十一月二十四日。[11]

天文科學家，以英文字reddish-orange形容月蝕時之月球光色。美國太空總署科學新聞網頁（Science News, NASA Science），就記載觀察

到的各地月全食（Total Lunar Eclipse）之顏色，有人描述為："During a lunar eclipse, the moon turns a reddish-orange color." 或 " The exact tint--anything from bright orange to blood red is possible." 。[12]英文之 "reddish-orange color", 或者 "bright orange to blood red"，譯成中文，意指橘紅色或紅橙色，它與古漢字「黃」字，意義相近；與坤卦爻辭藉「黃裳」比喻「月全蝕」時之月色，意境相近。

玄黃

　　清‧段玉裁《說文解字注》曰：「玄者，幽遠也」；《淮南子》曰：「玄者，天也」。因此，「玄」字，可解 天空。本卦上六爻辭：「龍戰于野，其血玄黃」；其中「龍戰于野」，可作三解：一、紂王與武王，統率殷、周兩軍在牧野地方，進行一場殊死戰，帝王可比喻為人間之龍；二、描述在上古時候，曾經出現兩隻蛟龍，牠們就在郊野中進行決戰；三、在郊野之天空中，出現一道彩虹；甲骨文「虹」之字形，兩邊各有一頭龍，而彩虹之亮光是紅橙色。[13]依古代歷史地理之記載，牧野在殷都朝歌之南；因此爻辭「野」字，也可作地名「牧野」之簡稱。事實上，從記錄殷、周朝代更替之歷史背景，或運用形容、意象手法以作爻辭內容，或借天空異象以表爭端戰禍之情境，以上三種解釋，似乎都有可能。總而言之，作者擅於利用上六爻辭文字，並運用暗喻、象徵筆法，作為敘述逆天者之最後下場。

　　基本上，戰爭是最殘酷的；「玄黃」一詞，用在形容兩軍決戰於郊野，最後之結果，當然是敗者死傷流血之慘狀。殷、周兩族大軍交戰，如果不幸造成兵士鮮血噴天，甚至百姓血流成河，就表示即將發生山河變色了。事實上，歷史已經記載，最後武王滅掉紂王，因此王朝改成以周代商。在古漢字中，「玄」，為天之意；古有「玄鳥生商」

之典故，玄鳥，原是商族之圖騰。古漢字「黃」，含有成熟之意思；「黃」色，應為紅橙色或橘紅色，它近似人的血液顏色，這也是雨後天空中出現彩虹之顏色，或發生月蝕現象時之月色。據現代科學家之研究，彩虹之顏色，是氣象中的一種光學現象，它共有七色光，從外至內：紅、橙、黃、綠、藍、靛、紫，其中以「紅、橙、黃」三種色光，最為明顯亮眼。事實上，「玄」為天、「黃」為彩虹之色光；當雨後有彩虹出現天際時，其存在時間都是非常短暫。總之，「玄黃」一詞，正可代表殷商紂王已經戰敗了，因此它帶有商族即將從天上殞落之象徵意義。

四　六十四卦之聯通

　　《易經》六十四卦之排序，以「乾」卦、「坤」卦為首，兩卦卦、爻辭之內容，同樣都以天象作為論述基礎。「乾」卦取太陽為象，「坤」卦則以太陰取象。太陰指月球而言，而坤卦就以月球之公轉，及發生日蝕、月蝕之天象，作為卦、爻辭之核心內容。地球與月亮，同屬太陽系的行星，而月亮是地球唯一的天然衛星，它是天空中除了太陽之外最亮的天體。基本上，生活在地球上的萬物，白天有太陽，晚上看月亮，一晝一夜，光陰就此循環不已。月球有其規律性的月相變化，而其公轉之運行法則，就是不停地圍繞地球向前推進。自古以來，在中國曆法中，是以月相之變化制定陰曆（Lunar Calendar），而歷代王朝之建元與紀年，也是依照這個曆法，以作一切行事之依據。事實上，月球對中國文化之影響相當深遠，月亮與人民生活習俗相當密切。古聖先賢常說，人要法乎天；在《易經》六十四卦當中，論述人事與天象之關係者，以「乾」卦與「坤」卦最為顯著；另外，在坤卦與蹇、解二卦之間，也存有一些關聯性，謹說明如下：

乾，坤

　　乾卦以太陽為象，而龍是太陽之象徵，太陽則是離地球最近的恆星（Stellar）。中國曆屬陰陽合曆，以太陽計歲、計日，以太陰計月。乾卦爻辭中，作者以「潛龍勿用」、「見龍在田」、「飛龍在天」、「亢龍有悔」，分別敘述太陽在一天中的位置與狀況。最後，再以「群龍無首」表示，夜間可以在廣袤宇宙天空看到無數的恆星，唯獨沒有太陽。在同一卦中，共有五個「龍」字，從此可以看出作者要以牠來形容太陽之偉大，並以牠作為恆星之象徵。臺灣話「龍」字與「能」字，音同、義同。臺灣話「龍」之發音，如「能」（LENG5）。[14]甲骨文有「龍」無「能」，上古時代，兩字似可通假。乾卦因取龍為象，有學者認為，聖人以「龍」來形容「能」，取其有變化無窮之活動力故也。[15]「能」字，含有動能（Dynamics）或太陽能（Solar Energy）之意思。在傳統中華文化中，有天子是人間之龍的說法。皇帝就是天子，他是人間最具有威權的人，他的威德像太陽，普照大地，撫卹萬民。

　　坤卦以太陰為象，太陰是指月球。月球和太陽一樣，都屬於宇宙天文中的星體，古人有「觀乎天文，以察時變」、「樂天知命，故不憂」之智慧。所謂天，就是自然規律，這也是月球繞地球運轉，和太陽光普照大地之自然法則。古人認為，人們只要依照自然法則規律去辦事，就能得吉而無憂。君子做人要有智慧，行事積極，態度柔順，這樣才算合乎天道。乾卦有「君子終日乾乾，夕惕若厲」之爻辭，坤卦則有「君子有攸往，先迷後得主」之卦辭，及「含章，可貞；或從王事，無成，有終」之爻辭，這些卦、爻辭內容，都在強調做人要能順天行道之重要性。

坤，蹇，解

「坤」卦以月球為象，並以月球公轉，及日蝕、月蝕等天象，作為卦、爻辭之內容。其中卦辭「西南得朋，東北喪朋」，與發生日蝕、月蝕時，最具有密切關係。據北宋‧沈括《夢溪筆談》云：「凡日蝕，當月道自外交入內，則蝕起西南，復於東北；自內而交出於外，則蝕起於西北，復於東南。日在交東，則蝕其內；日在交西，則蝕其外。蝕既，則起於正西，復於正東。凡月蝕，月道自外入內，則蝕起東南，復於西北；自內出外，則蝕起於東北，而復於西南。月在交東，則蝕其外；月在交西，則蝕其內。蝕既，則起於正東，復於西。交道每月退一度餘，凡二百四十九交而一期。」[16]另據該書「前言」之介紹，作者沈括在書中有很多關於地理學、數學、文學、藝術及天文曆法等多方面的調研成果，因此獲得英國科學史家李約瑟博士（Joseph Terence Montgomery Needham, 1900-1995）的肯定。其中，在天文曆法等方面，沈括堅持科學認識，用簡單的儀器形象地演示了月亮盈虧和日蝕、月蝕的基本原理，解釋了月亮發光和月蝕產生的原因。

針對「西南得朋，東北喪朋」一詞，國學大師南懷瑾（1918-2012），早年曾經聲稱他擁有發明專利。[17]（發明專利十五年，應已過期，一笑！）事實上，依東漢‧魏伯陽《周易參同契》之原文記載：「坤乙三十日，東方喪其明」；魏氏指的是，每月三十月朔之時，在東方就看不到月亮之光明。此說與南氏「東北喪其朋」一詞，明顯有所差別。南懷瑾先生以「朋」代「明」，並以「東北」代「東方」，明顯與魏氏原文不合，因此他的「東北喪其朋」之說，恐難成立。

在《易經》全文中，「利西南」共有三見，全部都用在卦辭。其中，坤卦之卦辭曰：「利西南得朋，東北喪朋」，意指發生日蝕或月蝕

時候之過程與天象，因此原意應依沈括《夢溪筆談》之解釋為佳。蹇卦卦辭曰：「利西南，不利東北」，表示對不同方位有所選擇時，聖人具體指出，何方對人較為有利。解卦卦辭曰：「利西南」，在此很單純地指示人們，西南方是最有利的選擇方向。

五　結論

　　據天文科學之研究，地球是目前人類所知宇宙中唯一存在生命的天體，住在地球上的人類，也一定離不開太陽、月球對我們的支配與影響；其中月亮對地球潮汐及人類行為之影響，更是值得重視。解讀「坤」卦內容，從月球之公運轉動中，讓我們學到順天法則；從「君子有攸往，先迷後得主」卦辭中，讓我們看到君子報效國家，要有服從君王領導之智慧，他的態度應該保持柔順、謙卑、保守。卦辭「利西南得朋，東北喪朋」，則有暗喻周族已經從中原之西南方興起，而商朝的政治舞臺光芒，卻從東北方殞落了。

　　「食」、「蝕」兩字互通，發生日蝕、月蝕，表示太陽光芒暫時被月球掩蓋，或月球剛好走進地球陰影之狀況。當地球、月球和太陽在一條直線上時，才會出現日蝕或月蝕。發生這種天文現象，居最關鍵之星球，就是月球。月球俗稱月亮，又稱太陰、玄兔。針對發生日蝕、月蝕等天文景象，從古老時代起，中國民間就一直有「天狗食日」及「蟾蜍食月」之傳說。但是在《易經》坤卦之卦、爻辭中，聖人卻依據天文觀測，並採正面而科學之觀點，去論述坤卦經文之內容。

　　坤卦有「直方，大；不習，無不利」之爻辭，從此可以見證先賢對月球公轉理論或程式的重大發現。義大利天文學家伽利略（Galileo Galilei，1564-1642），被譽為「現代觀測天文學之父」、「現代物理學之父」、「科學之父」及「現代科學之父」。[18]他支持哥白尼的日心說之年

代，比坤卦描述月球繞地球公轉之學說，約晚兩千七百年。科學理論的新發現，往往需要靠他人的驗證。在《易經》坤卦之經文中，作者透過卦、爻辭論述月球之運行法則，及月球與地球之互動關係，經過約二、三千年後，才分別獲得中外人士科學理論之驗證。例如，宋朝沈括《夢溪筆談》內容，英國電機工程師「佛萊明右手定則」，及法國氣象學家「科里奧利力」理論，都給予坤卦之內容，做出很好的驗證與詮釋。

事實上，近代西方科學界在電學、力學理論上的發現，加上現代在天文觀測科技上的突破，已經打開不少有關宇宙星球之奧秘；同時對於三千年前，古代中國在天文知識與成就方面，也做出科學性的驗證。再者，爻辭所用的「不習」兩字，它是對月球運行不墜的最佳寫照，如果運用臺灣話解讀「習」字之音、義，還能讓我們見識到作者之眼光，確有其獨到之一面。坤卦經文共有七十六個古漢字，卻沒有出現一個「月」字。但是，卦辭有「西南得朋，東北喪朋」，及爻辭有「直方、含章、括囊、黃裳、玄黃」，從其語詞之運用，就可看出作者的精心設計；經文不但具有描述月球公轉，及日蝕、月蝕等天文景象之意涵，還可讓我們欣賞到爻辭內容的詩韻及辭章之美。

注釋

1 「霜、方、章、囊、裳、黃」六個字之韻母，現行注音符號屬「尢」；文字學家陳新雄（1935-2012）在其古韻諧聲表，列為陽部第十五；清・段玉裁在其六書音韻表，則列第十部。（《新添古音說文解字注》，臺北市：紅葉文化，1999年）。

2 維基百科〈月球〉：（http://zh.wikipedia.org/wiki），2012/12/5。

3 漢典網：http://www.zdic.net/cd/ci/6/ZdicE5ZdicB026893.htm（2012/11/29）。

4 陳冠學：《臺語之古老與古典》（高雄市：第一出版社，1984年），頁201。

5 高樹藩：《正中形音義綜合大字典》（臺北市：正中書局，1977年），頁1365。

6 維基百科〈佛萊明右手定則〉：（http://zh.wikipedia.org/wiki），2012/12/5。

7 維基百科〈科里奧利力〉：（http://zh.wikipedia.org/wiki），2012/12/12。

8 維基百科〈地球〉：（http://zh.wikipedia.org/wiki），2012/12/12。

9 程石泉：《易辭新詮》（上海市：上海古籍，2000年），頁184-185。

10 高樹藩：《正中形音義綜合大字典》（臺北市：正中書局，1977年），頁178。

11 鄭天杰：《曆法叢談》（臺北市：中國文化大學，1985年），頁7。

12 美國太空總署科學新知網頁（NASA SCIENCE）：http://www.nasa.gov/（2012/12/8）。

13 虹之甲骨文字形，有如兩頭龍之交會一般。《字彙補》曰：「宛虹，龍也」。古人認為彩虹的形象，有如雙首龍。有人認為，虹是龍的一種，因此它在中國古神話中，確實佔有一席之地。（《維基百科・虹》）

14 陳成福：《國臺音彙音寶典》（臺南市：西北出版社，1991年），頁164-165。

15 張淵量：《周易天文學》第一集（臺北市：編者，1975年），頁41。

16 沈括：《夢溪筆談》（北京市：人民出版社，2011年），頁83。

17 南懷瑾：《易經雜說》（臺北市：老古文化，2002年），頁190-192。

18 維基百科〈伽利略〉：（http://zh.wikipedia.org/wiki），2012/12/12。

第三講
淺釋易經屯卦

一　前言

　　《易經》六十四卦，屯卦緊跟在乾、坤兩卦之後；「屯」卦之排序第三，顯示屯卦對於生活在地球上之人類，具有很重要的意義。《易經》乾、坤兩卦，分別以太陽與太陰作為意象，它代表廣大宇宙星球對於人類之生活，具有無比的影響力。而觀之屯卦之內容，則以國家作為主要意象；「國家」一詞，更涵蓋「國」與「家」這兩種政治體制和社會組織之概念，這也代表人類邁向文明社會的特殊意義。《易經》作者在屯卦之卦爻辭中，特別舉出「利建侯」、「求婚媾」二個關鍵詞，並用它來闡述先民在政治制度與家庭婚姻的一大改變。「國家」一詞，英文譯為"Country"，根據英文字典之解釋："A country is a region legally identified as a distinct entity in political geography".[1]其中" region"一字，它所強調的是指空間上的佔有權，它與中文之「屯」字，兩者在意境上頗為相似。事實上，國家要追求安定，人類要走向文明，因此才要有「建侯」與「婚媾」之較好制度產生，因為這才是有效而進步的表現。人類開始採行群聚而居之生活方式，並建立起婚姻家庭與封疆諸侯之體制，代表先民已經從原始的遊牧生活及搶婚方式做出重大改變。人類的屯墾居住謀生與採行互通婚姻之生活方式，正可證明三千年前的中國社會文明，確實已經向前邁進一大步。

從歷代更替之歷史演變觀之,當一個新的王朝興起之後,往往就會有新的統治體制與社會制度產生。從「屯」卦之內容,可以理解當時的社會狀況,應該是剛剛經歷過一場激烈戰鬥,而混亂局面也暫時被控制下來了。勝利者馬上要面對如何處理善後的問題,而此時的維安部隊,就必須擔負起最關鍵性的角色。萬事起頭難,對打贏勝仗者來說,他以優勢軍事力量佔領敵方的土地與人民,但這只是暫時性的手段與措施,接下來的重任,應該是慎重思考如何有效統治這個國家、土地、社會與人民,讓這個國家能夠長治久安,讓廣大人民能夠安居樂業。事實上,「屯」卦之經文內容,是以武王翦商一事作為歷史背景,而卦中所探討的問題,就是以統治體制及婚姻方式,作為闡述「變易」之主要案例。本文試以語言文字及歷史文獻之研究方法,探索屯卦經文之內容,並依照卦爻辭之解釋、關鍵字辭之解釋、六十四卦之聯通,三個段落順序,分別撰述個人鄙見,並就教於方家。

二 卦、爻辭之解釋

卦辭:屯:元亨利貞,勿用,有攸往,利建侯。
譯文: 論屯之卦:具有初始、護佑、地利、智慧,及成就大事之優勢;駐軍不能輕舉妄動,對於居民之行住安全將會有保障;能夠分地封建諸侯,對於鞏固邦國將會有利。

初九:磐桓,利居貞,利建侯。
譯文: 駐兵留守並隨時巡視盤查以維治安,這樣做會有利於住戶居家安全及鞏固當地民心;能夠分地封建諸侯,對於鞏固邦國將會有利。

六二：**屯如邅如，乘馬班如，匪寇婚媾。女子貞，不字，十年乃字。**

譯文：大隊人馬在村莊前停止下來，然後騎著馬，進行走走、停停，
　　　遶彎、後退之步伐；他們正在舉行一種莊嚴儀式，這不是來強
　　　行搶婚的。如果孩子年紀還小，就要有正確觀念；不能太早生
　　　育，但過了十年的成長以後，就可以授孕生子了。

六三：**即鹿無虞，惟入于林中，君子幾，不如舍，往吝。**

譯文：來到都城之鹿臺宮殿，卻看不到有人敢出面質疑作對；警覺到
　　　已經身陷威嚇大軍之中，君子雖存有奢求之心，但不如捨棄算
　　　了；不要再提過往舊事了，因為那樣恐會自取其恥的。

六四：**乘馬班如，求婚媾，往吉，無不利。**

譯文：大隊人馬班師而來，他們是專程前來求婚迎親的，跟他們回去
　　　將會得到吉祥之兆，這樣做並沒什麼不好的。

九五：**屯其膏小，貞吉；大，貞凶。**

譯文：把財物散發給居民，以減少舊朝代所囤積的民膏民脂，這是明
　　　智而會得吉祥的；如想再增加囤積物資，看似聰明卻會有凶兆
　　　的。

上六：**乘馬班如，泣血漣如。**

譯文：大隊迎親人馬班師而離去，伊人因此感傷而掉下很多眼淚來。

三　關鍵字辭之解釋

　　卦名「屯」字，屬一字多義，包括：陳也，聚也，難也，厚也，

盈也。其中「陳」，指陳列祭品於祭場；「聚」，指人之聚居或物之囤積。甲骨文「屯」字，正象陳列祭品之形。[2]卦辭之「屯」及爻辭「屯如邅如」之「屯」，指駐兵、聚人為意涵；爻辭「屯其膏」，則專指囤積物資。歷史上以屯作為地名者，在清朝時候的黑龍江北岸，建有江東六十四屯，而臺灣也有南屯、北屯、草屯，這些地方都是屬於新開墾而形成一個新聚落。明鄭時期在臺灣施行屯兵制，及以色列在約旦河西岸建屯墾區（Settlement），都是以駐兵、殖民、拓地作為經營手段與開拓疆土之目的，他們都含有很濃厚的政治意味。

依《史記・周本紀》記載：「封商紂子祿父殷之餘民。武王為殷初定未集，乃使其弟管叔鮮、蔡叔度相祿父治殷。已而命召公釋箕子之囚。命畢公釋百姓之囚，表商容之閭。命南宮括散鹿臺之財，發鉅橋之粟，以振貧弱萌隸。命南宮括、史佚展九鼎保玉。命閎夭封比干之墓。命宗祝享祠于軍。乃罷兵西歸。行狩，記政事，作武成。封諸侯，班賜宗彝，作分殷之器物。武王追思先聖王，乃褒封神農之後於焦，黃帝之後於祝，帝堯之後於薊，帝舜之後於陳，大禹之後於杞。於是封功臣謀士，而師尚父為首封。封尚父於營丘，曰齊。封弟周公旦於曲阜，曰魯。封召公奭於燕。封弟叔鮮於管，弟叔度於蔡。餘各以次受封。」其中「命南宮括散鹿臺之財，發鉅橋之粟，以振貧弱萌隸」正與九五爻辭：「屯其膏小，貞吉」之說法，相互吻合。屯卦蓋以殷下、周上作為歷史背景，因此它具有較高成分的政治與社會改變之味道，其中之主要關鍵詞，分別敘述如下：

建侯

「建侯」一辭，首見於《易經》，包括屯卦及豫卦，均有「利建侯」一詞。「建侯」，應指「封建諸侯」之意，可以簡稱為「封建」。

清《皇朝文獻通考》卷二四六，載〈封建考〉曰：「列爵曰封，分土
曰建」，因此「建侯」一辭，含有分土與列爵之意。據專家指出，「建
侯」具有分土與封爵之雙重意義，這可能是從武王克商之後才開始採
行的一種新制度，它應該與殷商或之前各時代，舊文獻上所稱的「諸
侯國」，在地位與名份上顯然有所不同，因為「諸侯國」只有封爵而無
分土之事實。此外，封建制度是一種社會制度，由共主或中央王朝給
王室成員、王族和功臣分封領地，屬於政治制度範疇。「封建」即「封
土建國」，即天子把自己直接管轄的王畿以外的土地，分封給諸侯，並
授予他們爵位，諸侯再分封貴族，諸侯和貴族在自己的領地上有相當
的自主權。分封的目的是讓他們建立封國和軍隊，保衛中央，收買人
心。「封建」最早見於春秋時富辰之說：「周公吊二叔之不咸，固封建
親戚，以藩屏周。」「封建制度」中「封建」的原始含義，即「封」土
而「建」國，「封」之本義起始於「丰」字，在甲骨文與金文中，其字
形狀如「植樹於土堆」，故「封」是「疆界」「田界」之意。「建」乃由
「封」而來，「建」字可見於金文，指「建國立法」。[3]

　　《易經》中之「利建侯」，就是後來周朝所實施的「分封制」之
理論基礎。從歷史資料考證，封建諸侯，就是分封周姓和功臣到各要
地，利用各地原來的氏族部落建立國家，勢力始自上達下，周天子正
式成為天下共主，周朝的封建規模正式完成。傳說中聖王的後裔和商
的遺民以及立功的將士，讓他們在地方作「諸侯」，分區管理，輔佐
周王，被封的「諸侯」在「封國」內繼續分封，通過這種逐級分封，
下級對上級承擔繳納貢物，軍事保衛，服從命令等義務。專家進一步
指出，周武王實行第一次封建，原因有三：首先是為了安撫殷民，同
時加以監視；其次是進行武裝移民，藉此擴展勢力；還有就是籠絡人
心，以鞏固周朝的統治。周初第一次封建的經過和內容，主要有三
項：一、武王克殷後，自動退出殷都，封紂王的兒子武庚於朝歌京

畿，並繼續管理殷商的遺民；二、武王在殷都的附近，分封自己的三個弟弟管叔、蔡叔和霍叔，目的是監視武庚，史稱「三監」；三、武王定都於鎬京後，又分封親屬和功臣為諸侯，這些封國大多數集中於黃河南岸。[4]這些看法，符合前述《史記‧周本紀》之史實記載。

屯卦在卦、爻辭中，各有一個「利建侯」之用辭，而豫卦則有「利建侯行師」之辭。歷史證明，武王翦商興周之後，他開始採行封建制度。有學者認為，周秦以降，「封」的賜土頒爵引申義，廣為通用；[5]另有學者認為，周人通過分級立宗的分封制，建立了為數眾多的宗族城邦和多層次的宗族政權。[6]在易卦經文中，含有論述分封諸侯政策者，還有師卦上六爻「開國承家」一詞，它不但可以用來佐證周初分封立國之動機與背景，也可以印證周朝分封制度，應該是濫觴於易卦經文之創見。

婚媾

《易經》「婚媾」兩字共有五見，其中屯卦六二爻「匪寇婚媾」及六四爻「求婚媾」；另外還有賁卦六四爻「匪寇婚媾」，睽卦上九爻「匪寇婚媾」，及震卦上六爻「婚媾有言」。屯卦是先敘「匪寇婚媾」，再提「求婚媾」，一前一後出現在爻辭中，表示人類之婚姻制度，就是從「寇婚媾」過渡到「求婚媾」的。據說寇婚媾是舊俗，它屬於一種比較原始的搶婚方式；求婚媾則是進步的做法，它屬於一種比較文明的通婚方式。屯卦明確指出「寇婚媾→求婚媾」，它代表一種社會習俗的重大改變，它象徵人類文明已經向前邁進一大步。

六二爻辭：「屯如邅如，乘馬班如，匪寇婚媾」。「邅」，形聲字，從走、亶聲。《釋文》引馬融曰：「難行不盡之貌」；《玉篇》曰：「轉也，移也」。「邅」，帛書作壇；「壇」，《說文》作驙；邅、驙、壇，

亶聲；壇，《說文》曰：祭場也。[7] 爻辭「屯如邅如」之「邅」，走走、停停，遶彎；「乘馬班如」之「班」，旋回、退回、布列；「邅如」，走走、停停之樣子；「班如」，盤旋不進之意思。「匪寇婚媾」之「匪」，非也，作副詞用；「寇」，強盜也，針對搶婚而言。「匪寇」兩字，應解為「非寇」，因為甲骨文、金文，「匪」字闕；但金文已有「非」字，且帛書亦作「非」。據張恢先生（1894-?）之考證，鑄造於西周初年的《毛公鼎》，內記成王冊命之詞；在其銘文中，已有二個「非」字。[8]「非」字，臺灣話發音HUI₁。

　　觀察此爻辭之意象，它與《走遍中國》電視節目所播出的湖南省會同縣連山鄉一段古老婚禮習俗，頗為相似。據中國先秦史學會副會長宋鎮豪教授之解說，連山鄉當地居民會擺上九朵紅花，以象徵「九宮八卦」圖；而迎親隊伍就在村前停留下來，新人騎著馬走入卦列，進行走走、停停、倒退之步伐，並依習俗完成婚禮儀式。很顯然的，他們不是來搶劫的，而是來娶親的；他們要依照《易經》「屯如邅如，乘馬班如」之步伐，完成最古老的巫術婚禮習俗。[9]

　　《白虎通》曰：「媾，厚也」。「媾」字，《說文》曰：重昏；段玉裁注：重疊交互為婚姻也。婚媾，就是有兩代人互通婚姻之特殊現象，意指先有父母輩兩姓聯婚，後有第二代表親之間再度結親。重疊交互為婚姻，意指兩代聯婚，等於是親上加親之通婚習俗，這是指狹義的「婚媾」；而廣義的「婚媾」，則泛指男女的「結婚」行為，這是一種普遍通行的婚姻制度，且都經由雙方合意而成婚。對於古代之「婚媾」故事，在《詩經・大雅・大明》篇，即有相關之描寫：

> 明明在下，赫赫在上。天難忱斯，不易維王。天位殷適，使不挾四方。摯仲氏任，自彼殷商。來嫁于周，曰嬪于京。乃及王季，維德之行。大任有身、生此文王。維此文王，小心翼翼。

昭事上帝，聿懷多福。厥德不回，以受方國。天監在下，有命
既集。文王初載，天作之合。在洽之陽，在渭之涘。文王嘉
止，大邦有子。大邦有子，俔天之妹。文定厥祥，親迎于渭。
造舟為梁，不顯其光。有命自天，命此文王。于周于京，纘女
維莘。長子維行，篤生武王。保右命爾、燮伐大商。殷商之
旅，其會如林。矢于牧野，維予侯興。上帝臨女，無貳爾心。
牧野洋洋，檀車煌煌。駟騵彭彭，維師尚父。時維鷹揚，涼彼
武王。肆伐大商，會朝清明。

從此詩句可以看出，周族之王季及文王兩代，他們的妻子都是來自殷
商貴族。當時周人與殷商兩族展開通婚和親之目的，可能是出自於雙
方的需要與意願，這也許是狹義「婚媾」現象的濫觴。事實上，在古
人之婚姻習俗中，要以奉父母之命成婚者為多，甚至有早婚、童養
媳，或指腹為婚者。在古典文學名著《紅樓夢》之故事中，以狹義的
「婚媾」為例，就屢見不鮮；而國人表親通婚這一舊俗，更是行之三千
年而不衰。當前時代環境又有大改變，加上國人開始重視優生觀念，
因此才有《民法親屬編‧婚姻章‧結婚節》之相關法條，該法條規定
以血親、親系及親等之關係作為結婚登記條件；也就是說，現代人必
須藉由法律來嚴格限制，不讓狹義「婚媾」之古老習俗繼續流傳下去。

即鹿無虞

六三爻辭：「即鹿無虞，惟入于林中，君子幾，不如舍，往吝。」
在本爻辭中，以「鹿、虞、林、幾」四個字最為關鍵。「鹿」，應指
殷都皇宮「鹿臺」之簡稱。「虞」，作疑誤解，《詩經‧魯頌》有載：
「無貳無虞，上帝臨女」；《疏》曰：「言天下歸周，無有貳心，無有疑

誤」。「虞」，臺灣話與「瑜、如」同音，發音為JU₅，含有抵賴之意。「虞」，又有協助之義，指朝廷中之忠義大臣。「林」，指護衛君王的禁衛軍，於宮廷中威武林立。據辭書《漢典》引用應劭曰：「天有羽林，大將軍之星也。林喻若林木，羽翼，鷙擊之意，故以名武官。」《漢書・百官公卿表上》載曰：「取從軍死事者之子孫，養於羽林，官教以五兵，號曰羽林孤兒。」[10]「幾」字，本義作微殆解，乃幽危之稱。[11]又，「幾」與「機」通假，「機」可解為機警，含有警覺之意。另外，據《爾雅・釋詁》解曰：「庶幾，尚也」；《疏》曰：「尚，謂心所希望。」綜合以上諸家注解，本爻當指周武王大軍已經攻入殷邑朝歌，並且來到紂王自我了斷的鹿臺宮殿，此時大家已看不到朝中忠臣的出面相挺。另外有人警覺到已身陷威嚇大軍之中，就算君子他還存有奢求之心，但見場面危殆而毅然做出捨棄之決定。

　　「即鹿無虞」一詞，若以周武王大軍攻入朝歌時候作為歷史背景，那麼「即鹿」就是指周武王率軍來到鹿臺，並就地稱王。「無虞」就是指在殷商宮殿中，已經無人出面抵賴或抗命，表示這時候已經沒有抵抗周軍之人了。在《史記・殷本紀》中，記載：「紂愈淫亂不止。微子數諫不聽，乃與大師、少師謀，遂去。比干曰：『為人臣者，不得不以死爭。』乃彊諫紂。紂怒曰：『吾聞聖人心有七竅。』剖比干，觀其心。箕子懼，乃詳狂為奴，紂又囚之。殷之大師、少師乃持其祭樂器奔周。周武王於是遂率諸侯伐紂。紂亦發兵距之牧野。甲子日，紂兵敗。紂走入，登鹿臺，衣其寶玉衣，赴火而死。周武王遂斬紂頭，縣之〔大〕白旗。殺妲己。釋箕子之囚，封比干之墓，表商容之閭。封紂子武庚、祿父，以續殷祀，令修行盤庚之政。殷民大說。於是周武王為天子。其後世貶帝號，號為王。而封殷後為諸侯，屬周。」事實上，微子早已逃亡，比干也被殺死，箕子則裝瘋被關進牢裡，而紂王最後也在鹿臺自殺身亡了。當武王大軍攻入朝歌，此時自感身分尷

尬的人，就是微子一人。據《史記・宋微子世家》記載，周武王伐紂克殷，微子乃持其祭器造於軍門，左牽羊，右把茅，膝行而前，以告罪。於是武王乃釋微子，並復其位如故。據說微子是跟隨周軍回到朝歌鹿臺，但當他面對「即鹿無虞」時，自覺時機已錯失，因此不再重提過往舊事，因為這樣不但無法獲得周人的善意回應，而且害怕會有自取其恥，並帶來殺身之禍的麻煩。

四　六十四卦之聯通

屯、蒙

　　屯卦、蒙兩卦相鄰，其卦序分居《易經》六十四卦之第三與第四位置。卦名「屯」、「蒙」兩字，從其相同之字義觀之，都具有萬物始生、政局底定，或大事尚處形成初期之不明狀態。對照殷末、周初之政治局勢，兩卦都具有表彰周族已經取得中原政權之意涵，在此朝代大變革之際，政治環境歸零，社會組織再造，而領導人之身分地位，也都要重新定位出發。事實上，在這兩卦之卦辭、爻辭中，屯卦因有「利建侯」之辭，取分土封建諸侯，以為藩屏之義，這是指武王享有「作之君」之尊。另外在蒙卦中，因有「童蒙求我」及「見金夫」之辭，取童蒙求我明師，以解他的矇昧之蔽，這是指箕子享有「作之師」之榮。

　　屯、蒙兩卦之主要意涵，象徵一君、一師之尊榮地位，相信這是聖人作易，確實有經過精心擘畫的結果。反之，以屯卦之六三爻，及蒙卦之初六爻，在兩卦之爻辭中，皆有「往音」兩字，這是敘說往事不堪回首之意思。事實上，兩卦爻辭中之人物，屯卦有「君子」，應指微子；而蒙卦有「刑人」，應指箕子而言。「往音」，意指兩人對於他們

本來的貴族身分，以及過去服侍紂王的無奈；現在祖國殷朝不幸滅亡了，對微子與箕子兩人來說，確實顯得很不光彩，因此才有往事不談也罷之嘆息。

十年

在《易經》爻辭中，「十年」一詞共有三見。「十年」代表時間的長久，它就像現代人擬定一個長期計畫之時間設定期限。屯卦六二爻：「十年乃孕」，意指文王婚後十年才生下長子伯邑考，再過兩年周武王始出生；因為文王早婚，所以他要有長期等候之計畫。復卦上六爻：「十年不克征」，應指文王被紂王囚七年，延續到他被釋回之三年內，計有十年，也就是從帝辛二十三年到帝辛三十二年的十年，文王不能或不願帶兵出征；據《竹書紀年》之曆年大事記，約有十年都沒有西伯出征用兵之登載。再者，頤卦六三爻：「十年勿用」，意指周武王繼位十年內，也就是從帝辛四十二年到帝辛五十一年的十年，他都不敢輕易對殷紂用兵。因為文王剛剛過世不久，周人需要休養生息，「十年勿用」，表示不能輕舉妄動，必須等待最佳時機再做出發之長期計畫。

屯卦六二爻「十年乃孕」，依前述《詩經・大雅・大明》記載：「文王初載，天作之合，在洽之陽，在渭之涘。文王嘉止，大邦有子」。據李辰冬（1907-1983）之注解，初載就是指幼年而言，這是指童年文王與莘國大姒成婚的意思，而他們舉行婚禮的地方，就在洽水的北邊，渭水的涘上。[12]《大戴禮》有曰：文王十三生伯邑考，十五生武王發；從此透露出，文王之結婚年齡，應在他三歲之前，且有可能是奉父母之命所做出的一場政治婚姻。

五　結論

　　國學大師王國維（1877-1927）曾於一九一七年發表〈殷周制度論〉，他說中國政治與文化之變革，莫劇於殷、周之際。王國維認為前代皆來自東方，只有周人來自西方，加上在東征後國土寬大，所以周人應該有一不同的制度。〈殷周制度論〉之論述重點，在於：一、立子以嫡，周所以要訂立嫡庶之制，實為「息爭」，穩定政治，立子以嫡是封建制度之核心；二、宗法制度，因為殷代以兄弟相傳，故不能建立一個穩定的宗法制度；三、同姓不婚制，除男女有別之觀念受到重視外，更可藉政治婚姻聯絡異姓諸侯。自殷以前，天子諸侯君臣之分未定也。故當夏後之世，而殷之王亥、王恆，累代稱王；湯未放桀之時，亦已稱王；當商之末，而周之文、武亦稱王。蓋諸侯之於天子，猶後世諸侯之於盟主，未有君臣之分也。周初亦然，於〈洪範〉及〈牧誓〉、〈大誥〉諸篇，皆稱諸侯曰「友邦君」，是君臣之分亦未全定也。[13]事實上，從王國維之經典論述，即可印證周行封建制度，應與易經屯卦「利建侯」、「求婚媾」二詞之發明，具有密切關係。

　　《易經》之哲理，含有簡易、變易、不易之特點。中國政治與社會之發展，因先有紂王無道，才有武王翦商之後果。事實上，當軍事底定之後，在國家之統治體制與社會組織，確實也需要有一個重大的突破與改變。以《易經》之屯卦而言，因卦中載有「利建侯」、「求婚媾」二個關鍵詞，正可看出三千年前的中國，對於當時的政治制度與社會組織，確實提出要做改變之訴求。此外，在屯卦之卦爻辭中，還有多處顯示出環境變易之現實面，例如「即鹿無虞」一詞，反映出紂王因戰敗而自焚，朝中忠臣更已遭受死亡或逃亡之悲慘命運，世人常因大環境的改變，不得不低頭去面對它。

　　爻辭「乘馬班如，匪寇婚媾」及「乘馬班如，求婚媾」，是在論述婚姻必須要有雙方的合意結親之心願，並且要遵照儀式舉辦一場隆重的婚禮。爻辭「女子貞，不字，十年乃字」，則是敘說生兒育女的嚴肅課題，人人都要培養一個正確觀念，因早婚而年紀尚未成熟時，就不能隨便懷孕生育。爻辭「乘馬班如，泣血漣如」，意指大隊迎親人馬班師而離去時，伊人因此感傷而掉下很多眼淚來。以臺灣人嫁女兒之場景為例，當女兒準備上轎離去時，也都會上演一場非常感傷之大哭場面，其中卻也隱含臺灣話「哭好命」之意涵。人生當中的婚姻與生育兩大課題，正是建立一個恩愛家庭與和諧社會的基石；健康的婚姻觀念，必須要有雙方的意願並且要遵禮成婚；還有，生育兒女也要有計畫才行。總而言之，一個進步而文明的現代社會，除了不能有搶婚行為，還要具有優生觀念。

注釋

1 "Country, Wikipedia". at http://en.wikipedia.org/wiki/Country。

2 鄧球柏:《帛書周易校釋》（長沙市：湖南出版社，1996 年），頁 171。

3 維基百科〈封建制度〉:（http://zh.wikipedia.org/wiki），2013/4/11。

4 維基百科〈封建制度〉:（http://zh.wikipedia.org/wiki），2013/4/11。

5 馮天瑜:《「封建」考論》（武昌市：武漢大學出版社，2006 年），頁 11。

6 周蘇平:〈周代國家形態探析〉,《西周史論文集》（西安市：陝西人民教育出版社，1993 年），頁 734。

7 鄧球柏:《帛書周易校釋》，頁 171。

8 張恢:《古文字辨》第二、三卷（臺北市：七宏印刷，1987 年），頁 101-126。

9 央視網〈科教・連山易之謎（上）〉（http://big5.cntv.cn/gate/big5/tansuo.cntv.cn/humanities/lianshanyizhimi/classpage/video/20091110/105048.shtml）。

10《漢典・林》（http://www.zdic.net/zd/zi/ZdicE6Zdic9EZdic97.htm）。

11 高樹藩:《正中形音義綜合大字典》（臺北市：正中書局，1977 年），頁 403。

12 李辰冬:《詩經通釋》（臺北市：水牛出版社，1980 年），頁 580 - 585。

13 王國維:〈殷周制度論〉,《觀堂集林》，卷十。

第四講
淺釋易經蒙卦

一　前言

　　對人類而言，從蒙昧發展到文明，總要走過一段很艱辛的歷程。文明是人類所要追求的目標之一，但文明是要經過學習、再學習；世世代代要一直累積他們的經驗與教訓，這樣才能使人們增進智慧，使社會安定和諧，使國家進步強盛。從古今中外歷史發展觀察可知，教育是一項百年樹人之大業，因為教育是學習的一項重要手段，教育是開啟民智的最好方法。教育志業，必須從啟蒙教育做起，甚至可以從胎教就開始實施。透過《易經》「蒙」卦之內容，我們可以看到接受啟蒙教育之基本態度，也可以理解先人面對啟蒙教育之智慧運用。

　　蒙卦之「蒙」，考其古音，《唐韻》注曰：莫紅切；《韻會》注曰：母總切，音懵。考其字義，含有無知、蒙蔽、懵懂、朦朧、矇眼不見等意思。「蒙」或「懵」，與臺灣話的「懞」、「朦」、「矇」，發音皆相同。古代一字多義，「蒙」又可假借為「懞」、「朦」、「矇」。由此觀之，蒙卦之內容與其蘊意，是在警示世人，要我們避免無知之蔽端，要大家重視教育的重要。尤其可貴者，讓我們看到身居高位者，能夠不恥下問，而具有賢能智慧者，也能捨棄私心，這些都是建國興邦之碁石。本文試以語言文字及歷史文獻之研究方法，進行探索蒙卦經文之意象，並針對蒙卦之卦、爻辭的內容，提供相關史料文獻以供

佐證。本釋文將依照卦爻辭之解釋、關鍵字辭之解釋、六十四卦之聯通，三個段落順序，分別撰述個人鄙見，並就教於方家。

二 卦、爻辭之解釋

卦辭：蒙：亨，匪我求童蒙，童蒙求我。初筮告，再三瀆，瀆則不告，利貞。

譯文：啟蒙之卦，遵禮而能得到護佑。不是由我請求曚昧者來接受啟蒙教育，而是由幼稚無知之人主動來向我學習。只能以首次占筮之結果告訴他，不能讓他一再重複占問，重複占筮就是褻瀆不敬，如果是褻瀆神明，那就得不到正確之吉凶告示。觀念與態度要正確明智，這樣才能使教育學習順利進行。

初六：發蒙，利用刑人，用說桎梏，以往吝。

譯文：發心要去接受啟蒙，而且懂得要利用因故受刑的賢人，先把他開釋了，再好好地向他請教學習，如果再提過往舊事，那總會令人傷心難過的。

九二：包蒙，吉。納婦，吉；子克家。

譯文：從懷孕就開始施行胎教，這將會得到吉利。娶進來的媳婦，她是一位賢妻良母，這一家庭將會因她而得吉；她所生的孩子，也都會有能力去治理好他們的家國。

六三：勿用取女，見金夫，不有躬，無攸利。

譯文：我要扮演一位好老師，不用接受你的饋贈；我要展現明師之功力，不須向你卑躬屈膝，也不存有獲取私利與好處之念頭。

六四：困蒙，吝。

譯文：陷入困境才要接受教育的人，恐會因時間過遲而受到一些恥辱。

六五：童蒙，吉。

譯文：從幼童就開始接受啟蒙教育，將會得吉。

上九：擊蒙，不利為寇，利禦寇。

譯文：學習打擊武術之目的，不是用來攻擊別人，只能用來防衛自己。

三　關鍵字辭之解釋

蒙，筮

　　考「蒙」字之聲韻，《唐韻》：莫紅切；《集韻》：謨蓬切；《廣韻》為「莫紅切」。「蒙」，有昏昧無知之義。臺灣話中有「蒙蒙」兩字，這是長輩們以「蒙」（BON₃）來取笑他人的話，其意思是指一個人很幼稚，他有昏昧無知的樣子。這話含有罵人糊里糊塗，因此需要接受教育，或去學習的必要性。[1]中國古典文字學專家高亨（1900-1986）認為：蒙卦的「蒙」，可借為「矇」字，目生翳而不明也，引申為愚昧之義。[2]事實上，矇字，可適用在很多方面，例如一個人不懂得做人，不懂得做事，不懂得做生意，不懂得政治領導，等等，其實這些都不是與生俱來的技巧，都必須經過一番學習過程才能去「矇」。人不怕矇，重要的是矇而不蔽，而且要懂得向別人學習，知道要如何力求上進，這才是去除矇蔽之良策。

　　《易經》被認為是一種卜筮古書，因此而能倖免於秦火之災。古時候，「筮」是去疑良策之一，自古聖王將建國受命，肇興事業，何嘗不

寶卜筮以助善。在司馬遷的《史記》〈日者列傳〉及〈龜策列傳〉中，各有相類似之敘述。《周禮‧春官‧筮人》也有記載：「凡國之大事，先筮而後卜。」有學者分析認為，古代卜筮並用，但有幾種不同情況之筮卜規則：一種是先筮不吉則止，吉則再卜，再卜不吉則三卜；一種是先筮吉，再卜又吉，不卜；一種是先筮不吉，再卜吉，則止。[3]依此可以看出，其基本原則是，當你決疑時，可以卜筮兼用，但要先筮後卜，而且不管結果是吉凶休咎，筮占只能作一次，但龜卜卻可以進行二次。由此推論，即可理解蒙卦「初筮告，再三瀆，瀆則不告」卦辭之道理了。

在蒙卦之卦辭中：「匪我求童蒙，童蒙求我」及「初筮告，再三瀆，瀆則不告」，是聖人以「蒙」、「筮」兩個關鍵字，道出童稚需要啟蒙，及問師、占筮以解疑之重要性與應有之態度。另外，卦辭先從「亨」字開始，再以「瀆則不告」作尾，作者似有強調占筮不能有瀆褻之態度，瀆褻是指對神明不敬，警告世人，敬神以禮，行事才能獲得平順。作者以占筮做為比喻，在上古時代，卜筮可以說是一種信仰行為，但如果心存不敬，就有淪為迷信之蔽端。

發蒙，刑人

依《史記‧周本紀》之記載：「武王已克殷，後二年，問箕子殷所以亡。箕子不忍言殷惡，以存亡國宜告。武王亦醜，故問以天道。」這一段記載周武王率軍滅商後，卻能降尊求教於箕子之史實，在此可以看出聖人都能夠相忍為國，並共商治國方針之智慧。後來，箕子提出〈洪範〉一篇，以作為回饋周武王知遇之恩。在蒙卦初六爻辭中：「發蒙，利用刑人，用說桎梏，以往吝。」其中「發蒙」，具有一語雙關之意義。作者特以「發蒙」來比喻周武王，一方面因他姓姬名「發」，一

方面因他建國稱王，剛剛站上一個新的政治舞台，尚處於一個「矇昧」的政治新環境中。作者又以「刑人」來比喻箕子之身分，因為他為了躲避紂王無道而裝瘋入監，等到殷亡後再淪落為周朝之刑人。當時與周武王面對面之時，箕子因受到禮遇而奉獻「洪範九疇」，他願意向武王傳承治國良策，其用心確實難能可貴。蒙卦之用辭，至為精簡，而其比喻之筆法，更顯露出作者的膽識過人。事實上，爻辭「發蒙」以周武王姬發之學習治國為案例，可以讓我們體會武王面對如何統治國家，面對如何馴服殷朝舊民；做為一國之君，他要通過一個相當險峻的政治大考驗。還好，此時周武王能「發心」治國，他又懂得要利用「刑人」箕子之經驗與智慧，借助他輔佐前朝之治國經驗。因此，他親自解除與赦免箕子「刑人」之身分，然後他們攜手合作，共渡西周立國初期的驚險難關。事實上，最後獲得雙贏，兩人因此而青史留芳三千年。

包蒙，納婦

　　包蒙，含有胎教之意思，作者藉此比喻大任孕文王，邑姜孕成王的賢慧故事。據《大戴禮記‧保傅篇》記載：「周武后妃任成王於身，立而不跛，坐而不差，獨處而不倨，雖怒而不罵，胎教之謂也。」保，保其身體；任，孕也。本篇內容正是指向周武王之妻邑姜，她是姜子牙的女兒，周成王、唐叔虞之母親。邑姜可以說是，西周初期一個光彩照人的女性形象，當她身懷成王姬誦之時，就開始關心胎教的重要性，因此她從坐、立、行、臥，甚至與人說話時，不但表情動作都很謹慎小心，而且態度也常保持端莊合宜，她不隨意生氣，以免傷到胎氣。她所生的二個兒子，都能夠興家建國；後來兄弟二人，對於周室王朝及諸侯晉國之發展，同樣都做出很大之貢獻。

蒙卦九二爻辭：「包蒙，吉。納婦，吉；子克家。」「包蒙」是指胎教，屬吉。「納婦」是娶邑姜為婦，同樣大吉。「子克家」是指周成王、唐叔虞二人，於公於私，他們都為姬氏家族，以及西周與晉國，奠定一個良好的基礎。

見金夫

蒙卦六三爻辭：「勿用取女，見金夫，不有躬，無攸利。」見通假現，見金夫，是指出現明師而言。據民初易學家尚秉和（1870-1950）之研究指出：「金夫者美稱。詩有匪君子，如金如錫，如圭如璧。左傳：思我王度，式如玉，式如金，皆以金喻人之美。」[4]明朝胡居仁（1434-1484），人稱敬齋先生，後來他入主白鹿洞書院。他死後，到明萬曆十三年時，從祀孔廟，追諡文敬。他曾經說過：「後世舉業之師，與凡有名位而好為人師，皆金夫也。」[5]人師可以成為明師，如他有高深造詣，再加上機運亨通，人師自然可以更上一層樓，最後還能成為一朝之帝師。

《史記》與〈洪範〉，皆記載武王見箕子一事；而後世學者專家，亦有多人針對此件史事提出評論。南宋哲學家、教育家呂祖謙（1137-1181），就肯定箕子的行為不虧臣節，他說：「王訪於箕子，不敢曲而致之，武王之尊德樂道，正如孟子所謂：大有為之君，必有不召之臣。」[6]據《孟子・公孫丑下》之記載：「故將大有為之君，必有所不召之臣。欲有謀焉，則就之。其尊德樂道，不如是不足與有為也。故湯之於伊尹，學焉而後臣之，故不勞而王；桓公之於管仲，學焉而後臣之，故不勞而霸。」歷史證明，商湯於伊尹，武王於箕子，蓋皆求師也。此外，韓國李氏朝鮮時代的儒學家李彥迪（1491-1554），他也在所撰《中庸九經衍義》卷之九內容中，提出以下之言論：

> 臣按：治天下有九經，而尊賢為急；達尊有三，而德居其一。夫
> 所謂賢者，乃天民之先覺而道德之所在也。人主尊而師之，則
> 可以崇德而廣業；尊而任之，則可以經世而濟物，故古之聖王莫
> 不屈體以禮之，虛己以訪之，不敢自負勢位之崇高而慢之也。
> 賢者之抱道養德，遯世無悶，必待王公致敬盡禮而後至者，非
> 欲自為尊大，蓋其尊德樂道不如是，不足與有為也。

從史籍文獻，再看古今中外，處處都有稱讚周武王與箕子之史事。在
《中庸九經衍義》一書中，李彥迪已經明確道出，人主尊而師之，則可
以崇德而廣業。同時他也引用宋朝真德秀（1178-1235）之論述：「武
王之始克商也，訪〈洪範〉於箕子；其始踐阼也，又訪〈丹書〉於太
公，可謂急於聞道者矣。」從此我們可以印證，西周一代能夠開創出輝
煌之歷史，應該與周武王問道於明師箕子一事，有著非常密切之關係。

四　六十四卦之聯通

屯，蒙

　　屯卦、蒙卦，在通行本《易經》之卦序排列上，僅次於乾卦、坤
卦；屯、蒙兩卦相鄰，分居《周易》之第三、第四卦序。「屯」、「蒙」
兩字，審其字義，有象徵萬物始生、政局底定，或大事尚處形成初期
之不明狀態。「屯」者，物之始生；「蒙」者，物之穉稚，都是處於
混沌初闢之時。相對於人間的朝野更替，兩卦正代表周族剛剛取得中
原政權，在此朝代大變革之際，政治環境歸零，而身分地位也都要從
新洗牌，人事面臨重新定位。在《易經》六十四卦中，乾、坤、屯、
蒙，是《周易》的前四卦，庶幾可以代表天、地、君、師之至高至尊

地位。另從其涵意觀之，四者對於所有宇宙眾生，及對所有天下子民之關係，都是何等的重要與密切。考兩卦之卦辭、爻辭，屯卦有「利建侯」之辭，取封邦建國，以為藩屏之義，因此有「作之君」之功效；蒙卦有「童蒙求我」及「見金夫」之辭，取求我明師，以解他的矇昧之蔽，因此有「作之師」之意涵。

初筮，原筮

求神問占，是人類生活在神權時代的普遍現象，大家都希望透過問卜占筮，以解心中疑難。《易經》六十四卦中，「筮」字出現兩處，在蒙卦有「初筮」，比卦有「原筮」。蒙卦之卦辭，以「亨」為首，比卦之卦辭，則以「吉」為首。「亨」、「吉」兩字，代表亨通、順利、吉祥，這是人們最喜愛的結果。占筮是求問祖先神明，以供決疑辦事之參考，但求問之人必須遵守禮節，內心必須要誠敬，這樣才能獲得神靈的明確啟示，並賜給他福澤。

蒙卦之卦辭有「初筮」，且強調筮而不瀆，瀆者、褻也，表示占問的人，不能對神靈有所不敬。有學者研究指出，占筮規則大略有四：其一，不邀筮；其二，不瀆筮；其三，先蔽志；其四，不占險。其中，不瀆筮，占卦者不為問著者就同一事情重複占筮，此即蒙卦所謂的「初筮告，再三瀆，瀆則不告」，此意在維護《易經》的神祕性與權威性。[7]這項見解，稍可幫助解讀蒙卦「初筮」之本意。

比卦之卦辭有「原筮」，歷來學者專家之解讀，顯得較為分岐。有人依《爾雅‧釋言》：原，再也。因此據而解之：「原筮為再筮，一人撫萬邦四海，然必在上自審至再。」[8]按，一人，係指居一國上位的帝王；自審至再，是指至尊天子本身，必須時時謹審他自己的言行。另

有人解之：原，即原道之原，「原筮」，乃所以求其本原也。[9]更有人以「野筮」解之，即指在郊外舉行占筮。此說，是引用《禮記・曲禮》所載：「外事以剛日」。鄭玄注：「外事，郊外之事。」《儀禮・士喪禮》亦云：「筮於兆域，兆域在郊外，即原筮也。」[10]事實上，當武王翦商後，中原政局已經改變，從此周上、殷下，朝野異位。換句話說，從此周族在朝、殷族在野，因此之後殷人之占筮，是否改以「原筮」稱之？以上諸說，何者為佳？尚待進一步之驗證。

五　結論

從卦名觀之，「蒙」是矇，它讓人有昏暗矇昧之感覺。但是，若從卦、爻辭觀之，包括「童蒙」、「發蒙」、「包蒙」、「困蒙」、「擊蒙」，作者都提出相關的警示，以及各種因應的對策。蒙卦之整體內容，是因一人之矇昧無知而起，但不能因「困蒙」而有臨時抱佛腳之窘狀。事實上，在其他各種狀況下，只要能有一位好老師，並接受他的啟蒙教導，這樣才能解開矇昧之蔽，而且最後還能獲得如卦首「亨」的福澤。

回顧三千年前的時空環境，在殷下周上、政治大變革之情況下，能符合或代表《易經》蒙卦中「發蒙」、「刑人」之情境與人物者，恐怕非周武王與箕子二人莫屬。《易經》成書年代約在殷末周初，當時周族剛打敗商族而有天下，對周武王來說，他雖有將相及諸侯之助，終能以軍事力量取得中原之政權。但在另一方面，他馬上面臨一個如何統治中國之重責大任。就像物始生也，必先處於幼稚狀態，而一國始建，必有矇昧昏暗時期，此時如果能得到聖賢傳授治國之方，對周武王將是最為有利，而他也很幸運得到箕子之輔佐。依據〈洪範〉之內

容，此時箕子受到武王之重視，並成為他在政治領導上的啟蒙老師。當時周武王以箕子為師，箕子也能傾囊相授，突顯帝師的重要性與應得之尊榮。這種君與師之關係，就像末代皇帝溥儀，他三歲就登基，找一位「童蒙」老師是必要的，因此滿清帝國以陳寶琛（1848-1935）作為溥儀之帝師，其目的無非在為國培訓一位好人君。[11]俗話說，經師易得，明師難求；事實上，要做一位明師，也才有資格成為帝師。俗話也說，伴君如伴虎，如何做好帝師，其情況確實頗為嚴峻。綜觀歷史記載及分析蒙卦之內容，古代聖賢如箕子者，他憑著一己之膽識與智慧，一方面要以蒼生為念，一方面又要保住舊朝君子之顏面，情況確實很為難。但是，最後之局面，竟然是平安無事，並且締造出一個雙贏之結局。

　　《易經》雖然一直被認定是一本占筮古書，但在通行本《易經》六十四卦內容中，卻只有在蒙卦及比卦，出現二個「筮」字。事實上，「蒙」卦中的「筮」字，具有說明「矇」（蒙）與「筮」的一些連動關係。矇者不能光靠卜筮來解決問題，他更要知道接受教育的重要性，如果能從小開始接受啟蒙教育，不但自己要能認真學習，而且還要能不恥下問，這才是解決問題的正確途徑。在《尚書・周書・洪範》一章中，箕子對周武王提出「稽疑」之方法，首先要擇建立卜筮人，乃命卜筮。其用意就是，在朝中可以建立一個卜筮團隊，其中如果選用三人去作占筮時，則要從二人之言，也就是採「多數決」之意思。不只占筮要採「多數決」，就連君王作最後裁決時，同樣要以「多數決」為吉。據〈洪範〉之內容，當君王遇有大疑，於是「謀及乃心，謀及卿士，謀及庶人，謀及卜筮」。換句話說，君王是當事人，是主席，是裁決者，但他仍須聽聽卿士、庶民、卜筮等不同人士的意見。以君王一人之意見，外加卿士、庶民、龜卜、占筮之意見或結果，綜合五

方之意見，以作決策之準則，而其結論，當然是以「五從三」為吉。
從此可知，矇者絕不能光靠卜筮來作決策，亦要多學、多問、多聽才
對。做為領導者，他要展現容忍、寬恕之心，他不能剛愎自用，不能
固執、不能無知、不能迷信，這才是《易經》蒙卦所要傳達給我們的
人生大哲理。

注釋：

1　廖慶六：〈《周易》問字：為臺灣話找字〉，《國文天地》311期（臺北市：2011年），頁46-51。

2　高亨：《周易大傳今注》（北京市：清華大學出版社，2010年），頁72。

3　李零：《中國方術正考》（北京市：中華書局，2006年），頁50。

4　尚秉和：《周易尚氏學》（北京市：中華書局，1998年），頁48。

5　明・胡居仁：《居業錄》。

6　黃家騁：《洪範易知》（臺北市：皇極出版社，1980年），頁107。

7　陳鼓應、趙建偉注譯：《周易今注今譯》（北京市：商務印書館，2005年），頁70。

8　薛悟村：《易經精華》（臺北市：傳統書局，1978年），頁31。

9　鄧秉元：《周易義疏》（上海市：上海古籍書店，2011年），頁77。

10　尚秉和：《周易尚氏學》（北京市：中華書局，1998年），頁62。

11　陳光輝：《末代帝師陳寶琛》（福州市：海峽書局，2012年），頁11-13。

第五講
淺釋易經需卦

一　前言

　　「三監之亂」發生在周朝初年，這是考驗周朝歷史發展的第一次關鍵性戰亂。回顧歷史，當周武王克商後，他即採取封建諸侯制度。為了安置殷商遺民，他將商朝王畿周邊地方，依北、東、南三個方向分成邶、衛、鄘三國；並置三監，派霍叔、管叔、蔡叔尹而教之。根據考證，自殷都朝歌舊城而北謂之邶，南謂之鄘，東謂之衛。古籍文獻也有相關之記載，《說文解字》曰：「邶，故商邑。自河內、朝歌以北是也」；《逸周書‧作雒》曰：「武王克殷，乃立王子祿父，俾守商祀。建管叔于東，建蔡叔、霍叔于殷，俾監殷臣」。《後漢書‧郡國志一》對河內郡朝歌縣，稱：「北有邶國」。另顏師古注《漢書》時，也持有相同之看法。事實上，「三監之亂」發生在武王過世、成王繼位之後，最後是被周公率軍平定的。

　　以易經「需」卦為例，它是敘述朝代經過大變革後，舊朝代的殷商子民，對於他們生活所需的訴求與期待的一個易卦。周武王翦商滅紂，他以原京畿之地封紂子武庚以為殷後，但是留在京師的貴族與庶民，卻因過去生活糜爛慣了，為了統治武庚與監督頑民，所以周武王對他們的生活與空間施予限制。以近代史為例，當年大清帝國被推翻之後，愛新覺羅皇室也曾遭受到相同的命運。雖然滿清皇室成員都能

繼續留在北京紫禁城內，對舊王朝來說，它看似一種禮遇，但由於他們身居高位而養尊處優慣了，對現狀的改變總會產生一些抱怨，何況被限制居住於京城內，因此就會心生改變，或不時提出種種需求。從「需」卦之意涵，可以看出爻辭內容與三監故事，應有所關聯才對。如果殷王子武庚及其子民，僅能生活在所封之殷都舊地，其活動範圍就未免太小了；因此在「需」卦爻辭中，就出現他們所提出的各種需求，其中包括土地空間與酒食宴樂等項目。人總會有得寸進尺之貪念，如果需索過度的話，即有孳生禍害之徵兆。在爻辭中，有「不速之客三人來」一語，意指周武王已經派人要來監督他們了，而且一來就是三名大員，這與歷史文獻所記載的「三監」故事，確實相當吻合。

需卦之內容，主要是以殷商遺民之需求與等待作為經，以他們爭取活動空間及飲食宴樂作為緯，卦中所要強調的意涵，包含需求的適度性與應變的警覺性。在卦中，很明顯的是以提出「需求」做為手段，但他們所要得到的，應該是以「貞吉」、「無咎」與「終吉」作為考量。本文試以語言文字及歷史地理之研究方法，探索需卦經文之意象，並依照卦爻辭之解釋、關鍵字辭之解釋、六十四卦之聯通，三個段落順序，分別撰述個人鄙見，並就教於方家。

二　卦、爻辭之解釋

卦辭：需：有孚，光亨；貞吉，利涉大川。

譯文：論述需求之卦：向人提出需求者都是充滿著信心，但還是依靠
　　　　著列祖列宗之厚德與護佑；需求者必須要有智慧，這樣才能得
　　　　到吉祥，並有利於往外去闖蕩發展。

初九：需于郊，利用恆，無咎。

譯文：所需求的是緊鄰城鄙外面的那個地方，在那裡可以安享較多地
　　　利之便，這個請求還不致於引起反感。

九二：需于沙，小有言，終吉。

譯文：所需求的是地名叫沙河的那個地方，這個請求雖然引起他們的
　　　一些言詞嘮叨，但終究還是可以獲得吉祥。

九三：需于泥，致寇至。

譯文：所需求的是地名叫泥中的那個地方，這個請求顯然已經超過他
　　　們所能容忍之界限，因此才招致被強盜掠奪一般的窘境。

六四：需于血，出自穴。

譯文：所需求的是祭祀薦牲所要用的祭品，但它應該取自野外穴居之
　　　動物。

九五：需于酒食，貞吉。

譯文：所需求的是日常飲食用品的供應，若以正確觀念提出適度請
　　　求，這樣做才能得到吉利。

上六：入于穴，有不速之客三人來，敬之終吉。

譯文：回到有如禽獸窩居般的洞穴住屋，家中卻有三位客人不請而來；
　　　此時對他們要有尊敬之心，這樣才能獲得長遠而吉祥的日子。

三 關鍵字辭之解釋

　　需卦之「需」，具有需求、等待之意涵，這是以下對上的需求與等待之意思表示，是人民對主政者針對生活空間及日常用品的請求。《周易・序卦》有曰：「需者，飲食之道也」，而《周易・象傳》亦言：「君子以飲食宴樂」。事實上，需卦之內容，應以殷商遺民對新統治者之需求與等待為主軸，以他們積極爭取活動空間及飲食宴樂為目的，它所強調的意涵，包含提出需求的適度性與應變的警覺性。如果需求過度的話，就會讓人感覺有得寸進尺之貪念，屆時就有可能招來禍端。「需」，因為是有求於上，所以要對上以敬；居於下風者，應抱持謙卑態度，因此作者提出「敬之終吉」，以作本卦之結語。

　　在爻辭中，有「不速之客三人來」一語，意指周武王已經派人要來監督祿父及殷商舊民，而且一來就是姬姓周族的三名大員，這與歷史文獻所記載的「三監」故事，尚屬吻合。從「三監」故事延伸，可以幫助佐證需卦之內容，它是以周武王克商當時的環境作為歷史背景，藉此也可理解殷商遺民提出需求與期待之卦爻辭意涵。事實上，爻辭中的「郊」、「恆」、「沙」、「泥」、「血」、「穴」等字，都與歷史地理具有緊密關聯，可視為解讀本卦之關鍵字，茲依出現於經文之順序，分別敘述如下：

郊

　　初九爻辭：「需于郊」之郊字，戰國竹書本《周易》作「蒿」；《爾雅・釋地》注曰：邑外謂之郊。據學者之研究論文指出，聚落的等級與分化是文明形成的重要標誌之一；殷墟文化的聚落至少可以分成三

個層次：都城、地方中心、一般聚落，其中作為都城的殷墟自然成為一級聚落。論文中引用林沄在〈關於中國早期國家形成的幾個問題〉一文之觀點，認為：一個簡單的「國」，是由一個「都鄙」群構成的，也就是有一個中心「大邑」，其周圍有「郊」，郊外有「野」。在此研究論文中，作者自認與宋鎮豪之看法類似，以甲骨文的「商」或「商邑」，作為商王國的中心，即殷商王都所在，而邑外有「郊」、「鄙」、「奠」。[1]

　　據《史記・殷本紀》之記載，周武王克殷之後，即封紂子祿父，「以食舊德，以續殷祀」。事實上，周族無力也不必一舉殲滅殷商舊勢力，但他們為了鞏固政權，故採行封建制度。當時武王分殷商京畿為三部分，設三監監督商朝遺民頑軍，實行軍政殖民統治。三監的具體君主及領土，說法不一。一說為紂王子武庚和武王弟管叔、蔡叔。另說為武王之弟管叔、蔡叔、霍叔，在商都附近武裝，共同監護武庚的領土。前說出現較早，後說較為通行。三監地域，一般認為，商首都以北地區為邶；商都以南地區為鄘；商都以東地區為衛。[2]據此推論，紂子祿父最初應該是被限制在殷商京畿內，因感覺活動空間過於狹窄，所以向周族提出擴充土地的要求。爻辭「需于郊」，表示祿父向武王要求增加郊外的土地，代表他很期待把位於城北的洹水，也能夠納入可供他們利用的領域。

恆

　　初九爻辭：「需于郊，利用恆，無咎」。「恆」字，頗有商榷餘地。按，上海博物館藏戰國楚竹書《周易》作「死」。[3]從字形觀之，古字「死」似「亙」，而「亙」同「亙」，讀去聲。據《漢典》所錄：「讀去聲者亙字，加心轉平聲者恆字，形變音變，義因之而變，不相蒙也。

謂恆从舟，亦从月，兩存備考可也，必存亙廢亙，《正字通》之誤也。
欲存亙廢亙，遂謂《詩》如月之恆，恆當作亙，譌加心作恆。心部恆
註謂《詩》不當將亙字譌借恆，則誤甚矣。」再者，《漢典》解釋「恆」
字，曰：「按此字體製不一，《說文》、《集韻》、《六書統》、《說文長
箋》、《精蘊正譌》等書，从月从舟，辨駁更改，或省或并，恐屬臆
斷。因去古已遠，大篆，小篆已多不合，而況隸楷乎。凡講字形處，
槩不贅引。」[4]以《漢典》所收錄「恆」字之金文、小篆、楷體，其字形
如下：

「恆」之古字，本從心從亙，與《漢典》所錄同。「恆」字，查現行
通用字典，其部首為「忄」；「忄」，與「心」通用。以《正中形音義綜
合大字典》為例，漢字以「忄」或「心」為部首者，列有二百一十一
字。但是，在該綜合大字典中，「心」部各字之字源，均只上溯至小
篆而已，唯獨一個「恆」字，可以上溯到甲骨文之字源。可是，包括
甲骨、金文「恆」字之字源圖錄，均看不出有「忄」或「心」之字形。
[5]按，部首以「忄」代「心」，應自「隸書」才開始有的；漢朝隸書之
「忄」或「心」部首，最早應源自於先秦小篆之「心」部。依《漢典》
所收錄小篆「心」字，及其更早之甲骨、金文字源，有如下列圖形：

楷體及漢隸之「恆」字，以「忄」為部首，而部首以「忄」代「心」，
是依「恆」字之金文、小篆為本，它與《漢典》所錄相一致，均含有
「心」之古字形，較為可信。但是，據《正中形音義綜合大字典》所載
「恆」字之甲骨文字源，它與無「心」的「亙」字，較為相似；與有

「心」的「恆」字，卻無直接關聯。據此而論，該部綜合大字典所錄之甲骨文字源，應屬有誤，其說實不可採信。

　　綜上論證，易經需卦之「恆」字，可能是古人在傳寫上的訛誤之字，若以此爻之意涵推論，「恆」應改為「洹」較屬合理。小篆「洹」字之主體，與「亙」、「亙」、「死」近似。「洹」為洹水之簡稱，其地理位置，就在古代殷朝都城之北邊，今稱安陽河。「洹」之小篆字形，分成兩半，左如流水狀，右為互字形；「洹」、「恆」，兩字右邊字形同。水作為部首，與「忄」頗為近似。據《漢典》所收錄「洹」之甲骨、金文，及小篆之字源如下；

　　　　　甲骨文　　　　金文　　　　小篆

準此，需卦爻辭：「需于郊，利用恆」之「恆」字，應該會有兩種可能：一為「恆」字，可做長久利用城郊之土地解，而「洹水」流域自可納入使用之範圍；二為「洹」字，這有可能是通行本所造成的傳寫訛誤。但是，如果從字源發展過程，爻辭用字之一致性，及地理名詞之運用三方面去做評斷，針對需卦本爻辭之經文，似以改成「需于郊，利用洹」為佳。

沙、泥

　　九二爻辭「需于沙」，「沙」，指沙河舊地，其地域約在今天河北省南部的沙河市附近。沙河係河北境內最主要的河流之一，它在太行山東麓，自西向東橫貫全境，在沙河市內段長八十六‧四公里。其中下游河床寬達數里，皆是漫漫白沙。平日無水，係典型的季節性洩洪河，境西南還有馬河等小河川分布。[6]沙河市，當今中國河北省下轄的

一個縣級市；今天的沙河市，地處晉、冀、魯、豫四省的接壤地帶，自古以來，此地就是溝通京、津、晉、冀、魯、豫的重要交通樞紐。另據《古本竹書紀年・殷紀》記載：「自盤庚徙殷，至紂之滅，（七）〔二〕百七十三年，更不徙都。紂時稍大其邑，南距朝歌，北據邯鄲及沙丘，皆為離宮別館。」據此可知，古代的沙丘，或今天的沙河，該地距朝歌不遠，離邯鄲更近，這是紂王的離宮別館之所在，因此王子祿父渴望能夠將它納入自己的領域之中。

九三爻辭「需于泥」，「泥」，應指古地名「泥中」。《詩・邶風・式微》有曰：「式微！式微！胡不歸？微君之躬，胡為乎泥中」。據清朝政治人物、歷史學家朱右曾《詩地理徵》卷二「泥中」條之解釋：「《傳》曰：衛邑也。王氏曰：《地理志》云：東郡有黎縣。《水經注》云：黎縣故城，世謂黎侯城，昔黎侯寓於衛，詩謂：胡為乎泥中」。「泥中」即為衛國之邑名；沙、泥，皆位在朝歌之北方，原來都在邶國之境內，但是經過「三監之亂」後，它們都被併入衛國康侯封之管轄範圍。《逸周書・作雒》云：「降辟三叔，王子祿父北奔」。「降辟三叔」，說明「三監之亂」終被平定了；「王子祿父北奔」，就是敘述祿父遁逃北國之歷史傳說。據此推論，祿父北奔之地方，與他需求沙、泥兩個地方，具有很密切的地緣關係，這也說明需卦及祿父為何「需于沙」、「需于泥」之重要原因。

血、穴

六四爻：「需于血，出自穴」。《說文解字》曰：「血，祭所薦，牲血也」。「穴」字，動物所蟄居之窟曰穴。「需于血，出自穴」，表示祭祀所需要準備的牲血，應該取自野外穴居的動物之血。古人茹毛飲血，用血報神，薦牲血為禮，這是一種改善習俗的做法，也算是人類

文明進步的一種良好象徵。需卦「需于血，出自穴」之爻辭，是在提醒殷商舊民，當他們面對亡國之後的苦日子，從此以後不能再用人牲去祭拜祖先或神明了。

「穴」是指獸居之地，當人們形容居住空間太小時，即以穴居稱之。需卦出現「出自穴」、「入于穴」兩個爻辭，表示淪為被統治者的殷商舊民，他們對於周族所給予的待遇，顯已萌生不滿之言辭，甚至含有抱怨與藐視周族之意思。據《中國原始社會史》一書〈前言〉指出，人類社會是有規律地向前發展的，是不斷地從低級向高級社會進步的；一般都經歷了原始社會、奴隸社會、封建社會和資本主義社會。該書作者進一步指出，人類居住文明的演進，是由「穴居」發展為「半穴居」，再發展為地面建築。[7]中國人確實有經過穴居之生活方式，但是根據考古研究發現，到了殷商末年時期，已經出現具有比較進步的建築結構了。在殷商晚期，雖然普通居址多為單體建築，有地面式，半地穴式和地穴式，但是在這個時期的殷墟出土文物中，也發現到大型宮殿建築，且都是建於高大的夯土臺基之上，體量巨大，結構複雜。[8]再者，據《周易·繫辭下》所載：「上古穴居而野處，後世聖人易之以宮室，上棟下宇，以待風雨」。從這些文獻可以證明，中國古代文明之進展，到商朝末年、易經成書之年代，中國人應已逐漸脫離原始的穴居生活了。

需卦因有「出自穴」、「入于穴」二個爻辭：一出、一入，一供獸居、一給人住；在文字用詞上，它們具有對比與反諷之效果。據此可知，易經作者藉「出自穴」、「入于穴」之爻辭，一方面可以用來提醒殷商舊民，當他們面對亡國之後的苦日子，就不能也無法再用人牲去祭拜祖先或神明了；另一方面暗喻殷商舊民，針對他們被周族限制住居待遇的不滿，形容他們的住居環境，好像是向後倒退到原始社會的穴居時代了。

四　六十四卦之聯通

　　易經之成書，應在殷末、周初之際，在此改朝換代之秋，勝者稱王，敗者為寇之命運，兩者形成尖銳對比。以「需」卦及「訟」卦為例，兩卦之卦爻辭，同樣都以敗者之境遇作為人物故事之背景，並敘述紂王之子祿父及其子民，如何面對環境重大改變之殘酷事實。事實上，在這兩個卦之故事內容中，紂王之子祿父，他雖肩負「續殷祀」之重責，但他卻享有「食舊德」之禮遇。「需」卦是他對於領地與俸祿的需求與等待經過；「訟」卦則是他對於繼承王位大統的各項爭訟經過，雖然演變過程無法事事如意，但還是有「無咎」、「貞吉」、「終吉」之過程或結局。從爻辭之用字與結構上觀察，「需」卦與「困」卦、「漸」卦之六爻，及「明夷」卦有五爻、「同人」卦有四爻，同樣都以「于」字，作為描述空間或位置（location or position），及事物（objects）之連結用字。例如：「需于郊」，「困于酒食」，「鴻漸于磐」，「同人于門」，「明夷于南狩」，等等。針對歷史人物之故事背景，以及卦爻辭所用之字詞意涵，簡述「需」卦與六十四卦之聯通關係如下：

需、訟

　　「需」卦、「訟」卦，兩卦相鄰、成一綜卦之關係；從其內容之相同與差異處，可以看出兩卦之關聯性較為密切，比較突出者，包括：需卦「有孚，光亨」vs訟卦「有孚，窒惕」；需卦「利涉大川」vs訟卦「利見大人，不利涉大川」；需卦「入于穴，不速之客三人來」vs訟卦「或錫之鞶帶，終朝三褫之」。還有，情境比較相似者，例如：需卦九

二爻辭，與訟卦初六爻辭，都是「小有言，終吉」；需卦辭「光亨」及九五爻辭「需于酒食」，都是「貞吉」之結局，而訟卦六三爻辭「食舊德」，則是「貞厲，終吉」之結局。事實上，兩卦卦主之身分相同，因此最初都是充滿著信心，這就是都以「有孚」兩字，作為兩卦卦辭開頭之原因。此外，易經六十四卦之單字，以「吉」字有一百四十六見為次多，「需」、「訟」兩卦出現的次數共有九個；其中需卦有四見，訟卦則有五見。對居於下風者來說，提出「需」、「訟」之動作，只能當做一種手段，而「吉祥」才是應該追求之目的與結局。而且，面對不同之項目與環境，就要有不同之處理態度，並作出不同之決策。例如：需、訟二卦，需求之事，可「利涉大川」；訴訟之事，宜「利見大人」，卻「不利涉大川」。

考需卦之歷史背景，應與周武王時代的「三監」故事有關；「需」卦之最後演變結果，可能因需索過度而引起「不速之客三人來」，這就是周初「三監」故事的歷史緣由。後來發生的「三監之亂」事變，雖與此歷史有關，但那是發生在周成王時代的事了。考「訟」卦之大意，則因祿父的「帝王之夢」而引起的爭訟事件，但後來演變的結果，竟是「終朝三褫之」，在短迫時間內，就讓祿父之身分爵位「變、變、變」，但因他中途放棄訴訟而得吉，這就是卦辭「中吉」所要強調之意涵。

三

在易經六十四卦經文中，含有「三」之語詞者，共有二十三個；所見之詞，顯得紛雜，而象徵之意義，卻也相當多樣化，例如：三瀆，三驅，三歲，三年，三日，三狐，三就，三品，三人來，三人行，三褫之，三百戶，三錫命，晝日三接，三日不食，等等。在十進

位制中，數字「三」不能代表大或多之意思，但是在易卦經文中，與「三」組合而成之爻辭，卻都含有多數或完成的意味。臺灣話有此一說：「無三不成禮，有三成定局」，敬酒敬三次，表示最誠摯之敬意；在臺灣所舉行之釋奠、祭祖大典中，蓋以「三獻禮」作為最高敬意之象徵。

以「需」卦為例，上六爻辭曰：「入于穴，有不速之客三人來，敬之終吉」；作者以「不速之客三人來」，象徵周初有「三監」故事之發生。歷史記載，周族為了監管殷族一個王子祿父，竟然要派出三名姬姓大員，其人數可謂多矣。事實上，周武王有同母兄弟十人，卻派用三個親弟弟去看管一個人；以三人對付一人，很明顯這是施行「霸凌」之動作。再以「損」卦為例，六三爻辭曰：「三人行，則損一人；一人行，則得其友」；易經作者同樣是藉「三人行，則損一人」，表明「多數決」的意義。我們都知道，當三個人湊在一起時，就已組成一個小團體，三人代表最小的多數，眾人如果有不同意見出現，就要以民主程序進行表決。不管是投票或舉手表決，都要以「多數決」作為標準；三人過半，就是取決於二人，因此就要損一人。「三人行，則損一人」之意涵，正可說明三人決行時，結果一定會有一個人之意見，會遭到被犧牲、否決之命運。

五 結論

武王克殷之後，他立即推行封建制度，並封紂子祿父於殷商舊都，「以食舊德，以續殷祀」。「需」卦內容，似在記錄為了處理善後的談判過程，雙方進行談判（negotiation）總會有討價還價之空間。向人提出需求時，如果是靠卦辭「有孚」表達自己心中的信心，這是不夠的；最好能以卦辭「貞吉」為目標，說明聰明者應該知道適可而止

的重要性，絕不可露出得寸進尺之貪求。「需」字，表示以下求上之意思；待上以敬，這是做人應有的智慧。「需」卦，表示商族有求於周族之意思，因此以卦爻辭敘述王子祿父及殷商舊民之等待及時雨，顯示渴望與期待更多土地空間及民生必需品的供應。爻辭「不速之客三人來」一語，意指周武王已經派人要來監督祿父及頑民，而且一來就是姬姓周族的三名大員，這與歷史文獻所記載的「三監」故事，尚屬吻合。從「三監」故事延伸發展，可以用它來佐證需卦之內容，並幫助了解周武王克商當時的歷史背景；藉此也可窺探出，殷商遺民所提出的需求與期待之原由、內容與結果。

通行本易經需卦爻辭中之「沙」、「泥」、「恆」三字，與殷商之歷史地理發展，具有很密切之關聯性。沙、泥、洹三地，皆位在朝歌之北方，紂亡之後，歸入邶國之境界，這應該是祿父及殷商舊民，最想優先取回之地方。從歷史地理之演變觀之，需卦爻辭之「沙」字，可作地名沙丘或沙河之代稱；「泥」字，可作地名泥中之代稱；而「恆」或「洹」字，可作水名洹水或安陽河之簡稱。

「出自穴」、「入于穴」二個爻辭，在文字用詞上，不但具有一語雙關之意思，還具有對比與反諷之效果。同樣是「穴」字，一出、一入，一供獸居、一給人住，代表戰敗者商族人的一種無奈心情。易經作者藉「出自穴」、「入于穴」之爻辭，一方面可以用來提醒殷商舊民，他們要面對亡國之後的苦日子，應該改用穴居動物以供祭祀薦牲，不能再用人牲特禮去祭拜祖先或神明了。另一方面暗喻殷商舊民，針對他們被周族限制住居待遇的窘境，形容他們當時的住居環境，好像是向後倒退到原始社會的穴居時代了。

依《史記・殷本紀》之記載，周武王封紂子祿父之作用與目的，在於「以食舊德，以續殷祀」，這就是「光亨」兩字之意涵所在。卦辭中之「光亨」，「光」代表商族列祖列宗之厚德光輝，「亨」代表祖先神

明之護佑。「光亨」兩字，表示紂子祿父享有「以食舊德，以續殷祀」之禮遇，這與臺灣人享有「祭祀公業」之性質與作用，相當類似。「祭祀公業」為臺灣相當特殊的宗族社會團體，它是以祭祀祖先及管理祭田作為目的所設立之特殊團體。依臺灣人的一般習俗慣例，「祭祀公業」大都會訂定組織章程及安排祭祖之日期，而族人在祭祖活動之後也會辦桌聚餐，臺灣話稱之為「吃祖」。同樣都是拜祖先厚德之恩賜，因此臺灣人「吃祖」之意義，與殷商族人「食舊德」之意涵，兩者頗為相似。

注釋

1 張渭蓮：《商文明的形成》（北京市：文物出版社，2008 年），頁 37。

2 維基百科〈三監之亂〉：（https://zh.wikipedia.org/wiki/），2013/4/26。

3 丁四新：〈楚竹書與漢帛書周易校注〉（上海市：上海古籍出版社，2011
年），頁 9。

4 漢典〈互〉：http://www.zdic.net/zd/zi/ZdicE4ZdicBAZdic99.htm。

5 高樹藩：《正中形音義綜合大字典》（臺北市：正中書局，1977 年），頁
483-533。

6 百度百科〈沙河〉：（http://baike.baidu.com/view/19778.htm）。

7 宋兆麟、黎家芳、杜耀西：《中國原始社會史》（北京市：文物出版社，
1983 年），頁 450。

8 張渭蓮：《商文明的形成》（北京市：文物出版社，2008 年），頁 42。

第六講
淺釋易經訟卦

一　前言

　　「殷鑑不遠，在夏后之世」，這是出自《詩經・大雅・蕩》的一個典故，它揭示殷商有一面離他不遠的鏡子，那就是前一代夏桀之滅亡。「殷」是商朝後期之名稱，而「夏后」代表夏桀，此詩意指殷商之子民，應以夏朝之滅亡為警戒。古詩中之典故內容，比喻用前事以作鑑戒，它與「前車之鑑」意義略同。《詩經》作於春秋時代，作者以歷史人物故事之背景，編寫成一首首動人之詩篇，偶爾還會含有一些典故。〈蕩篇〉之詩中內容，在於講述殷商滅亡之原因，而其典故意涵，卻在敘述「殷」可以鑑於「夏」，「周」可以鑑於「殷」。自古以來，世間大大小小的紛爭，總是沒有斷絕過，而彼此之間的爭辯，無不為了爭名奪利而起。事實上，兩虎相爭，爭而不讓，最終必有一傷。人與人之間，因故造成傷害，或因意見不合而起爭端，如果雙方都沒有退讓之心，最後就是走上興訟一途。

　　俗話常說，一人涉案，百人在道。一件官司打下來，不但牽連人事很廣泛，而且還要浪費不少社會資源。更有甚者，如果訴訟時間拖得很久，案子要經過一審、二審之冗長時間，直到三審才能最後定讞。假若爭到如此地步，錢財恐要花掉一大半，還有可能搞得妻離子散，或是身敗名裂，不幸者永不翻身，真是可悲也。訟卦之內容，是

以訴之公眾為經，以殷末爭取帝位之歷史故事為緯，而所要強調的意涵，卻是「訟」者的心態與最終之結局。在卦中，很明顯是以「吉」做為訴求目的，雖然他所要得的是「元吉」、「貞吉」與「終吉」，卻要取決於「中吉」這兩個字。本文試以語言文字及歷史文獻之研究方法，探索訟卦經文之意象，並依照卦爻辭之解釋、關鍵字辭之解釋、六十四卦之聯通，三個段落順序，分別撰述個人鄙見，並就教於方家。

二　卦、爻辭之解釋

卦辭：訟：有孚，窒惕；中吉，終凶；利見大人，不利涉大川。

譯文：爭訟之卦：因故而興訟的人，對於獲勝原本都是充滿著信心，
　　　　還要盡力隱瞞對自己不利之處，卻缺少警惕戒懼之心。如果能
　　　　及時中止訴訟或與對方和解，這樣才能得到吉祥；若是堅持爭
　　　　辯下去，最後結果恐怕是凶兆。要知道爭訟之得與失，最好是
　　　　找有地位之官員或有才德的賢人，去向他們請益或作決斷，卻
　　　　不宜獨自往外去闖蕩冒險。

初六：不永所事，小有言，終吉。

譯文：情勢有所改變，因此對於爭訟之事，不再堅持下去，此時心中
　　　　雖感不平而小有怨言，但最終還能得到一個吉祥之結局。

九二：不克訟，歸而逋，其邑人三百戶，無眚。

譯文：想爭辯，卻得不到勝利；敗興回到家，自己因心情紊亂而到處
　　　　走動，但對所有三百戶邑人而言，應不致於連累到他們。

六三：食舊德，貞，厲，終吉。或從王事，無成。

譯文：還是退守原居之地，安享舊有的俸祿，這樣做才算是務實而聰明；雖然目前仍處身於險境之中，但最後結果會是吉祥的。如果還想力爭當君王一事，那是不會獲得成功的。

九四：不克訟，復即命，渝安，貞吉。

譯文：想爭辯，卻得不到勝利；後來同意接受朝命，情況改變雖不滿意，卻也能獲得平安，這樣做才是聰明的，也將會得到吉祥。

九五：訟，元吉。

譯文：爭訟之大是大非，應以獲得大吉為勝。

上九：或錫之鞶帶，終朝三褫之。

譯文：爭訟中止而君王也賜給了官服；在最後一夕之間，身分與朝服竟有三次大改變。

三、關鍵字辭之解釋

本卦專論訟事，訟，爭也，言之於公也。在古代，人與人彼此兩相乖戾，故致訟也；在現代社會，兩造之間因爭端而成訟案，在法院雙方就成為原告與被告之間的攻防關係。在古代文獻中，《六書故》曰：「爭曲直於官有司也」。《周禮・地官・大司徒》曰：「凡萬民之不服教而有獄訟者，聽而斷之。」請大人出面，包括長官貴人，由他們「聽而斷之」。《史記・呂太后本紀》曰：「未敢訟言誅之。」《註》：「訟，公也。猶明言也。」因訟而爭辯，在《韓非子・問辯》中，載有如下之對話：

> 或問曰：「辯安生乎？」對曰：「生於上之不明也。」問者曰：
> 「上之不明因生辯也何哉？」對曰：「明主之國，令者、言最
> 貴者也，法者、事最適者也。言無二貴，法不兩適，故言行而
> 不軌於法令者必禁。若其無法令而可以接詐應變生利揣事者，
> 上必采其言而責其實，言當則有大利，不當則有重罪，是以愚
> 者畏罪而不敢言，智者無以訟，此所以無辯之故也。亂世則不
> 然，主有令而民以文學非之，官府有法民以私行矯之，人主顧
> 漸其法令，而尊學者之智行，此世之所以多文學也。……是以
> 亂世之聽言也，以難知為察，以博文為辯；其觀行也，以離群
> 為賢，以犯上為抗。人主者說辯察之言，尊賢抗之行，故夫作
> 法術之人，立取舍之行，別辭爭之論，而莫為之正。是以儒服
> 帶劍者眾，而耕戰之士寡；堅白無厚之詞章，而憲令之法息。
> 故曰：上不明，則辯生焉。」

古人認為，上不明，則辯生焉。在過去舊時代，在宗親鄉鄰之間，如
遇有紛爭，都會請公親、耆老出面來做公斷，以避免兩造訴之公堂。
卦辭中有「利見大人，不利涉大川」，指一個人，當他遭遇到委屈時，
就應該向有智慧的大人，或有大德的貴人，去當面請益解決之道。當
人處於心中不平，此時決不能輕舉妄動，如果到處去投訴告狀，這樣
做是於事無補的。卦辭中的「大人」一詞，在臺灣話中，通常是指賢
明正直之政府官員，及德高望重之社會人士。「涉大川」，則是指走
到外面世界去闖蕩冒險，但是外界環境卻是充滿著陷阱險境，一不小
心，即會陷入深淵而難於自拔。

此外，「訟」者，猶責也；有如《論語》所說的：「吾未見能見其
過，而內自訟者也。」「自訟」，就是反躬自省，避免紛爭興訟的好辦
法。訟卦中，「吉」字共有五見，其中有「元吉」、「貞吉」與「終吉」

之敘述，卻要取決於「中吉」這兩個字。「中吉」是本卦之關鍵字辭，此外，訟者內心的「有孚」，及系爭人物之歷史背景，都是有待舉證解讀的。茲依出現於經文之順序，分別敘述如下：

有孚

訟卦之內容，是以訴訟作為主題，並在卦中提出三組對立式（Contrast）語辭，用以說明訴訟之緣起、吉凶、對策。俗話說：兩益相權取其重，兩害相權取其輕。在卦辭中，作者以「有與窒」，「吉與凶」，「利與不利」，三組對立的狀況或結果，用它來訓示當事人應該認清「利與弊」之狀況與結果。卦辭曰：「有孚，窒惕；中吉，終凶；利見大人，不利涉大川」；其中之內容旨意，包含有三段：一、有孚→窒惕；二、中吉→終凶；三、利見大人→不利涉大川。「有孚」之「孚」，指心中之「信」，它與實質而具體之「信」，尚有一點差距。南宋導江人黎靖德編輯之《朱子語類》，其中有朱熹（1130-1200）之說法：「孚」字與「信」字，恐亦有別；他還引用程伊川（1033-1107）云：「存於中為孚，見於事為信。」存於心中之「孚」，很難確定兌現信用之程度，如以現實工商社會來做比喻，很多銀行在辦理客戶之貸款時，他們寧可以抵押品價值之多寡，作為「信用」額度之評估標準。「有孚」之詞，在《易經》全文中，共有二十六見。孚、湖，臺灣話音同；「有孚！」連讀時，臺灣話發音為 WU₁ ALL₄。事實上，「有孚」兩字，對臺灣人來說，並不陌生。因為在民間習俗之喪禮中，當進行蓋棺及下葬禮儀時，道士都會口唸吉祥話，而此時喪家眷屬，也會以臺灣話應答「有孚！」。依據臺灣傳統喪葬禮儀，當進行封釘蓋棺儀式時，道士口中所唸的五句吉祥話，以及孝眷之應答語，其現場實況大致如下：

一點東方甲乙木，子孫代代居福祿→有孚！

二點南方丙丁火，子孫代代畜傢伙→有孚！

三點西方庚辛金，子孫代代發萬金→有孚！

四點北方壬癸水，子孫代代大富貴→有孚！

五點中央戊己土，子孫歲壽像彭祖→有孚！

以上五句殯葬吉祥話，其中在箭頭（→）左邊的是道士唸語，右邊則是孝眷答詞。在臺灣傳統喪禮儀式中，這是最常見到、聽到的一個天人永別之場景。此時孝眷皆要以「有孚」回應，其實這只是依照傳統習俗而行禮如儀罷了，其真正旨意在於表明對往生者的承諾，並對自己未來的一種期許訓勉，同時也給參加喪禮之親友一個善意表態。孝眷答詞之語氣，雖然表示充滿著信心，但那只是一種口頭上的允諾，至於將來是否能夠一一兌現，就要看以後各人之繼續努力與命運造化了。

中吉

《易經》六十四卦，其全部經文所用之單字，僅約八百個。以經文單字計之，超過一百見者，只有六個：「吉」（146），「利」（119），「無」（160），「有」（120），「貞」（111），「咎」（100）；其中以「吉」字一百四十六見之字數次多。如果依卦、爻辭之句型及用字組合分析，大致可以分成二種類型：一、作雙字語詞解，共有十個詞，包括「中吉」（1），「初吉」（1），「引吉」（1），「往吉」（2），「厲吉」（3），「大吉」（5），「征吉」（5），「終吉」（10），「元吉」（14），「貞吉」（34）；二、其他作單一「吉」（50）字解。再者，如果依卦別之用字次數分析，在全部六十四卦中，只有觀、剝、坎、夬四卦沒有用到

「吉」字；「吉」字五見者，有三卦：訟、比、家人；「吉」字四見者，
有九卦：需、臨、晉、解、益、升、鼎、漸、未濟；其他另有一見、
二見、三見者，共計四十八卦，於此不予詳列。

　　從以上經文之用字情況分析，可以發現「訟」卦之卦、爻辭，其
所用「吉」或「中吉」字之意義，顯得相當特殊。按字典之解釋，
吉，本義為吉祥，吉利。「吉」字之甲骨文字形，上象兵器，下象盛放
兵器的器具。上、下合起來看，表示把兵器盛放在器中不用，以減少
戰爭，這樣就會使人民沒有危難；[1]以現代語言來說，「吉」就是能得
到「平安」、「和平」之意思。另有研究指出，「吉」之字源，它具有
會意與形聲之源，其甲骨文、金文、小篆略同，從士口（「士」字從十
一，有聞一知十、以一優十之意），為品學兼優，足為楷模者，惡言不
出於口，故士口所出為吉，本意作「善」解，乃美好之意。[2]歸納以上
之分析結果，「訟」與「吉」之關聯性最強，而「中吉」兩字，確可作
為「訟」卦最為關鍵之用語。

　　按，「中吉」一詞，是《易經》六十四卦經文中，唯一出現在
「訟」卦的專有用語。訟卦之「中吉」，具有多義性之意涵，包括：
一、中止之意，表示中止（Termination）爭訟，主動放棄抗辯權，不要
偏激成見，不再堅持己見，這樣做，「也許」會助你得吉；二、中停之
意，請中人出面來做調停（Intermediation），或求見有智慧、有地位的
貴人，聽聽他們的寶貴意見，這樣做，「最終」可以幫你得吉；三、中
道之意，表示各讓一步，雙方握手言和，因為與人為善，事緩則圓，
這樣做，「馬上」可以讓你得吉。在本卦中，可以找到對應卦辭「中
吉」之爻辭，那就是初六爻：「不永所事，小有言，終吉。」事實上，
訴訟之當事人，如果能夠體察實情，認清時勢，多聽忠言，多看典
範，就不會盲目而堅持己見，這樣爭訟才有停止而有得吉之可能。以
「中吉」及「利見大人」之卦辭而言，印證上古時代之歷史人物，確實

有跡可循，例如在《史記‧周本紀》中，就有如下之記載：

> 西伯陰行善，諸侯皆來決平。虞、芮之人，有獄不能決，乃如
> 周。入界，耕者皆讓畔，民俗皆讓長。虞、芮之人未見西伯，
> 皆慚，相謂曰：「吾所爭，周人所恥，何往為，祇取辱耳。」遂
> 還，俱讓而去。諸侯聞之，曰：「西伯蓋受命之君」。

這是發生在殷朝末年的一件史事，原來小諸侯國虞、芮之君，相與爭
田，久而不平，見到周族相讓景況，對於爭訟之事，因感慚愧而作
罷。《潛夫論‧五德志》有曰：「大妊夢長人感己，生文王。厥相四
乳，為西伯，興於岐；斷虞、芮之訟而始受命。」史載西伯陰行善，
所以諸侯皆來請求決斷訟事；而虞、芮之人，一路所見皆是禮讓之
風，因此連求見文王決平之事，也都不用了。俗話說，見賢思齊，以
爭訟中的虞、芮雙方當事人，當他們聽到明君文王之大名，又看到周
人之相讓典範，因此決定終止爭訟之事。再者，以「不永所事」而現
「中吉」之象，就如《誠齋易傳》所述：「虞芮之訟，一入周境，自慚
而解，不永所事之效也。」這是學者在研究南宋理學家楊萬里（1127-
1206）之易學哲學思想時，所引用的一個史證案例。[3]

終朝三褫

　　上九爻辭曰：「或錫之鞶帶，終朝三褫之」；本爻辭之意象，似
以武王翦商後之政治演變，做為本卦之歷史背景。考證當時事涉爭訟
之人，應以祿父為是，他就是紂王之嫡子。回顧三千年前之歷史，時
當商朝之末年，後來殷朝紂王因無道而被殺。當大勢底定，結局正是
「殷下、周上」，而周朝新君武王姬發，他已在殷都朝歌就地登上帝王
大位。再依以上各爻辭之旨意，戰敗之一方，被降封為一方諸侯，這

是不幸，也是無奈；但能敬之，則會得吉。依《史記》及《竹書紀年》相關史料之記載，當時武王封紂王之子祿父，「以食舊德，以續殷祀」。

　　紂王之子祿父，本來是高居「大邑國」太子之位，他自認為，應依封建法統繼嗣為新王，卻突然被戰勝的武王，降封為異姓「小諸侯」之爵位。時勢比人強，一朝不容二君。因此在一夕間，祿父身分「變、變、變」；先是以「太子」之華服，出面訟爭「君王」之大位，最後卻以「諸侯」之朝服收場。此卦敘述祿父因隨身分之大改變，好像在一夕間，就換穿代表三種不同身分之官服。

四　六十四卦之聯通

需、訟

　　《易經》之成書，應在殷末、周初之際，在此大時代交替之秋，與當時環境關係最密切之人與事，都是《易經》著錄之重點。過去封建時代，改朝換代後，爵位就會來一次大洗牌，因發生冤情而爭訟者，亦在所難免。以「需」卦及「訟」卦為例，兩卦均含有歷史故事之背景，而主角人物，同樣都以紂王之子為主，他原本就是殷朝末代太子祿父。事實上，這兩個卦之故事內容，似乎都在敘述武王翦商之後，紂王之子祿父，他對於繼承王位大統的爭訟，與對於俸祿領地的需求與等待經過，雖然事與願違，但最終仍有「貞吉」與「終吉」之不錯結局。「需」卦之最後演變結果，就是「不速之客三人來」，這就是周初「三監」的歷史緣由；而後來的「三監之亂」故事，雖與此歷史有關，但那是發生在周成王時代的事了。「訟」卦之大意，則因祿父的「帝王之夢」而引起的爭訟事件，但後來演變的結果，竟是「終朝三褫之」，這就是祿父身分「變、變、變」之結局。訟卦之事件發展，以

「中吉」做為轉折點，到最後之結果，是祿父受封食舊德，以續殷祀。另外，因「中吉」之歷史案例，還可見諸虞、芮兩個小諸侯國君之間的訟案。

有孚

在《易經》六十四卦經文中，「有孚」共有二十六見。存於心中之「信」為「孚」，「有孚」能代表存於個人心中之信心。若以需卦與訟卦卦辭為例，兩卦都是以「有孚」兩字作為開頭，需卦是「有孚，光亨」，而訟卦則是「有孚，窒惕」。事實上，兩卦各有其突顯之意義，在需卦因以需求為出發點，必須深具信心才行，何況他還享有「光亨」之庇陰；在訟卦則以爭訟為出發點，雖然表示很有信心，但往往缺乏戒懼之心，所以才有「窒惕」之警戒重話。

在經文所用二十六個「有孚」字詞中，除首見於需、訟兩卦之卦辭外，之後還有比卦初六爻：「有孚，比之，無咎」；小畜卦六四爻：「有孚，血去惕出，無咎」；隨卦九四爻：「有孚，在道以明，何咎」；觀卦卦辭：「有孚，顒若」；坎卦卦辭：「有孚，維心亨，行有尚」；家人上九爻：「有孚，威如，終吉」；損卦卦辭：「有孚，元吉」；益卦九五爻：「有孚惠心，勿問元吉」；井卦上六爻：「有孚，元吉」；革卦九四爻：「有孚，改命，吉」；豐卦六二爻：「有孚，發若，吉」；中孚九五爻：「有孚，攣如，無咎」；未濟六五爻：「有孚，吉」等等。以上諸卦卦、爻辭之意涵，均表示做事先要有信心，這樣才能得亨、得吉、無咎；若與訟卦相比，因他是屬於兩造爭訟之事，不但自己不能自閉護短，還需要能知己知彼，加上有「中吉」之智慧應用，這樣才能獲得「終吉」之成果。

五　結論

　　以歷史為證，《易經》訟卦所敘述之爭訟當事人，應以紂王之子祿父為主。當商紂被滅亡後，祿父即被周軍拘限在舊宮中，他心中雖想出面為繼嗣王位而爭訟，卻因陷入孤臣無力可回天之窘狀，最後決定放棄爭訟，並接受周武王賜封為諸侯之安排。這是「以食舊德，以續殷祀」而「終吉」之象，也就是上九爻辭：「或錫之鞶帶，終朝三褫之」所言之意。另外，有虞、芮兩國之君，因相與爭田，久而不平，後來見到周族相讓景況，對於爭訟之事，因感慚愧而作罷，此事與初六爻辭：「不永所事，小有言，終吉」之意象，亦相當吻合。事實上，以歷史發展而言，虞、芮之爭在先，紂子祿父之訟在後，他們都發生在殷朝的末世。這兩個歷史事件，當時都能以「中吉」為戒，因此最後才能以「終吉」收場。

　　古代兵家有言，「百戰不如一戰，一戰不如無戰」。俗話也說，「訟無好訟」，如要追求平安吉祥與社會和諧，最好是不要發動戰爭及與人興訟。審視訟卦之卦辭，作者首先敘明「中吉」之重要性，然後再利用爻辭，分別說明要如何得到「終吉」，「貞吉」，「元吉」之事實與經過。卦辭之「終凶」及「不利涉大川」所言，係因爭訟終極而不止，因此有如遠行涉險而必將肇禍端。卦辭「中吉」，與爻辭「不永所事，小有言，終吉」，它們具有互相對應之效，以及忠告訟案之當事人，要以息事寧人為上策。另外，卦辭「利見大人」，與俗話「見賢思齊」，其事又與虞、芮之君，入周見西伯決平之史實，具有緊密關聯性。今日處於民主時代，而工商社會交往複雜，因此法院設立多處又分級審判，讓人感覺訴訟之事，實在太方便了，但也造成訴訟案件之浮濫及誤判等弊端情事叢生。事實上，對於現代人來說，一當陷入訟案之當

事人，不管是原告或被告，往往呈現出「當事者迷」之狀況。如果要他們冷靜，並體認古人所倡言之「中吉」與「利見大人」之可貴，最後做出正確的決擇，談何容易啊！那只有靠大智慧去做決定了。

注釋

1 《漢典》〈吉〉：（http://www.zdic.net/zd/zi/ZdicE5Zdic90Zdic89.htm），
　2013/1/17。

2 高樹藩：《正中形音義綜合大字典》（臺北市：正中書局，1977年），頁
　202。

3 曾華東：《以史證易：楊萬里易學哲學研究》（北京市：人民出版社，2011
　年），頁332。

第七講
淺釋易經師卦

一　前言

　　回憶半個世紀以前，臺灣還沒有電視、電腦、電玩、手機等科技化電子產品，一般人的日常娛樂，主要是聽聽收音機，及觀看電影、歌仔戲或布袋戲。當時我們生活在鄉下的孩子們，大都是從野臺戲中，接觸到一些歷史故事情節，甚至對劇情中的英雄與神祕性人物，留下比較深刻的印象，例如「姜太公釣魚、離水面三寸」，「文王拖車八百步」等等。後來在學校修讀歷史課時，才知道這些歷史典故，都與論述姜子牙的雄才謀略，及他輔佐武王興周滅商之史事，約略相符。世人都說《易經》難懂，但如能輔以歷史故事作為佐證，對於詮釋《易經》，將會得到更多的方便與助益。以《易經》「師」卦為例，在司馬遷所撰《史記》之〈周本紀〉、〈齊太公世家〉及〈伯夷列傳〉三篇中，就分別記載一些相關歷史故事，從這些正史資料，確實可以幫助我們解讀師卦之內容。

　　自古以來，偶有前賢採用「以史證易」之案例，但他們大都是以後世發生之歷史事件，拿來注釋上古經文內容。事實上，取材之歷史背景，如果不能符合上古或商、周兩朝交替當時之史實，對於解讀經文之內容，恐會出現時間上的落差，甚至誤解經文之真正意涵。以史解易，師卦算是一個比較明顯的範例。人說《易經》一字多義，以師

卦之「師」字為例，它至少具有「王師」及「軍師」之雙重意思。當
我們對照師卦之卦爻辭，及《史記》之內容時，可以發現師卦中的王
師與軍師，應該都與周武王東征伐紂之史實，及最後完成興周滅商之
使命，具有相當密切之關係。本文試以語言文字及歷史文獻之研究方
法，探索師卦經文之意象，並依照卦爻辭之解釋、關鍵字辭之解釋、
六十四卦之聯通，三個段落順序，分別撰述個人鄙見，並就教於方家。

二 卦、爻辭之解釋

卦辭：師：貞丈人，吉，無咎。

譯文：論師之卦：軍隊能有一位具有用兵謀略之丈人，這是吉祥之
兆，出征作戰不會有災禍發生。

初六：師出以律，否臧，凶。

譯文：〔治軍紀律〕師眾出征要以紀律來約束，軍紀如有不良，那就會
有凶險。

九二：在師中，吉，無咎；王三錫命。

譯文：〔受命中軍〕賢能者受命統領中軍，這是吉祥之兆，都沒有發生
災禍，因此君王再三頒賜專征之詔令。

六三：師或輿尸，貞，凶。

譯文：〔師出無名〕如果師出不義，還要以車載著木主，並假冒死者
之名以統領師眾，這種行動看似聰明，用意卻在規避叛逆之罪
名，這是凶險之兆。

六四：**師左次，無咎。**

譯文：〔王師會盟〕王師大會諸侯並暫時駐紮在黃河之左岸〔孟津〕，
　　　這樣做是不會有災禍的。

六五：**田有禽，利執言，無咎；長子帥師，弟子輿尸，貞凶。**

譯文：〔用兵計謀〕用兵計謀詭計多端，因為這項行動涉有以臣犯君
　　　之罪嫌；如果行動是為了要驅逐田野中的飛禽走獸，這算是一
　　　項比較有利的藉口，應不會有禍害的；但實際上是以諸侯太子
　　　之身分帶兵，卻由諸弟子車載親人之木主，並假冒死人之名監
　　　軍，這種作法看似聰明，卻會得到凶兆的。

上六：**大君有命，開國承家，小人勿用。**

譯文：〔封侯世襲〕王師一戰而勝並論功行賞，讓一朝君主得以開國建
　　　侯，讓家族可以承先啟後並享世襲特權；功績較少或身分地位
　　　較低的人，就不用給予頒賜或封爵了。

三　關鍵字辭之解釋

在師卦之經文中，一共出現六個「師」字；師卦之「師」，一指武
王翦商之王師，一指軍師姜尚。有關周武王東征及姜太公擔負重任，
最後一舉消滅紂王之史實，在《史記・周本紀》中，就有以下之文字
記載：

　　武王即位，太公望為師，周公旦為輔，召公、畢公之徒，左右
　　王師，修文王緒業。九年，武王上祭于畢。東觀兵，至于盟
　　津。為文王木主，載以車。中軍武王，自稱太子發，言奉文王

以伐，不敢自專。乃告司馬、司徒、司空、諸節：「齊栗，信哉！予無知，以先祖有德臣，小子受先功，畢立賞罰，以定其功。」遂興師。師尚父號曰：「總爾眾庶，與爾舟楫，後至者斬。」武王渡河，中流，白魚躍入王舟中，武王俯取以祭。既渡，有火自上復于下，至于王屋，流為烏，其色赤，其聲魄云。是時，諸侯不期而會盟津者八百諸侯。諸侯皆曰：「紂可伐矣。」武王曰：「女未知天命，未可也。」乃還師歸。居二年，聞紂昏亂暴虐滋甚，殺王子比干，囚箕子。太師疵、少師彊抱其樂器而奔周。於是武王遍告諸侯曰：「殷有重罪，不可以不畢伐。」乃遵文王，遂率戎車三百乘，虎賁三千人，甲士四萬五千人，以東伐紂。十一年十二月戊午，師畢渡盟津，諸侯咸會。曰：「孳孳無怠！」武王乃作太誓，告于眾庶：「今殷王紂，乃用其婦人之言，自絕于天，毀壞其三正，離逖其王父母弟，乃斷棄其先祖之樂，乃為淫聲，用變亂正聲，怡說婦人。故今予發，維共行天罰。勉哉夫子，不可再，不可三！」

從以上史書之內容，包括「太公望為師」、「東觀兵，至于盟津」、「為文王木主，載以車」、「諸侯不期而會盟津者八百諸侯」，都足以說明師卦之歷史背景，同時這也是師卦經文之真正意涵所在。以下依照卦、爻辭之先後順序，分別舉例說明師卦之關鍵字辭。

丈人

卦辭：「師：貞丈人，吉，無咎。」「丈人」一詞，從字面上之意思看來，雖指老成之人，或是針對享有尊嚴的長者而言。但是在臺灣話中，「丈人」則專指岳父大人；如果對照歷史背景，以師卦之「丈

人」而言，它應指周武王之岳父姜尚為是。姜尚又稱呂尚，他就是鼎鼎大名的太公望。依《竹書紀年》之記載，殷帝辛三十一年，西伯治兵於畢，得呂尚以為師。姜太公輔佐周文王、武王二代，在周武王之翦商過程中，仍拜姜尚為軍師。姜尚同時還有另外一個特殊身分，那就是武王要尊稱他為「丈人」，因為周武王的妻子邑姜，正是姜太公的女兒。

姜尚，一名望，字子牙，別號飛熊，或稱姜太公、姜子牙、呂望、太公望、尚父、師尚父。周初官至太師，因輔佐武王翦商有功，封於齊（山東淄博）。姜尚深具軍事實踐活動和韜略思想，實為中國謀略家的開山鼻祖，依《史記・齊太公世家》之記載：「太公望呂尚者，東海上人。其先祖嘗為四嶽，佐禹平水土甚有功。虞夏之際封於呂，或封於申，姓姜氏。夏商之時，申、呂或封枝庶子孫，或為庶人，尚其後苗裔也。本姓姜氏，從其封姓，故曰呂尚。……周西伯昌之脫羑里歸，與呂尚陰謀修德以傾商政，其事多兵權與奇計，故後世之言兵及周之陰權者，皆宗姜太公為本謀。」呂尚因輔佐武王建周，司馬遷稱讚他善於謀計，因此在史書中，特別留下不少佳評，例如：「天下三分，其二歸周者，太公之謀計居多」；「遷九鼎，脩周政，與天下更始，師尚父謀居多。」另外在中國古典文學名著《封神榜》中，作者對姜太公之文治武功，更以神化敘述內容；而其神奇的傳說故事，也讓後世讀者留下不少之欽羨與回憶。

師出以律

本卦初六爻：「師出以律，否臧，凶。」大意是在說明治軍紀律與用兵哲學之重要性，因為統領師眾出征，如果不以紀律來作約束，或征伐時機與次數不加節制的話，對於己方兵眾及天下無辜百姓，都

會發生凶險與禍害。針對「師出以律」一詞，明末清初著名思想家顧炎武（1613-1682）指稱：「以湯武之仁義為心，以桓文之節制為用，斯之謂律，律即卦辭之所謂貞也。」[1]在此「律」、「貞」二字，應指帶兵與用兵所應該具備的謀略與智慧。在歷代紀傳體之史書中，其編輯體例除了以「紀」與「傳」，作為一朝正史之主要內容外，還會附上「書」或「志」數卷。以《史記》為例，即著錄有〈書〉八篇，包括：禮、樂、律、曆、天官、封禪、河渠、平準。據《索隱》之解釋：「書者，五經六籍總名也；此之八書，記國家大體。」在〈律書〉之卷中，其開宗明義即有以下之論述：

> 王者制事立法，物度軌則，壹稟於六律，六律為萬事根本焉。
> 其於兵械尤所重，故云：「望敵知吉凶，聞聲效勝負」，百王不易之道也。武王伐紂，吹律聽聲，推孟春以至于季冬，殺氣相并，而音尚宮。同聲相從，物之自然，何足怪哉？
> 兵者，聖人所以討彊暴，平亂世，夷險阻，救危殆。自含（血）〔齒〕戴角之獸，見犯則校，而況於人？懷好惡喜怒之氣，喜則愛心生，怒則毒螫加，情性之理也。

以上〈律書〉卷之前四段內容，很顯然地是在強調「王者制事立法，六律為萬事根本」；並以治軍兵械及武王伐紂用兵，這兩項重要大事做為說明範例。另外在此卷之末，有載太史公曰：「建律運曆造日度，可據而度也，合符節，通道德，即從斯之謂也。」《索隱述贊》則曰：「軍容取節，樂器斯因。自微知著，測化窮神。」由此可以理解，治軍用兵者必須知道「節制」兩字之重要性，這也是古人對「師出以律」一詞的最佳詮釋。

輿尸

　　本卦六三爻：「師或輿尸，貞凶。」其中「輿尸」兩字，具有一語雙關之意思：一方面它可解讀為，在沙場上兵士因奮勇作戰而死亡，必須以車輛收屍之悲慘狀況；一方面它可解讀為，這是諷刺武王東征所用之一種詭計，因為當時周軍師出無名，故車載木主，號稱是為文王洗冤報仇而來的。「尸」字之義，原為逝者之神象也；古者祭祀，皆有尸以依神。若依字典之解釋：主曰尸；古代親死後，以孝子之兄弟，飾親之形像受祭，後代始用畫像而廢尸。[2]依臺灣人之習俗，家家戶戶都有供奉祖先神位之神龕，其中以木主代尸之舊俗，也一直延用至今日而不易。事實上，在武王東征之初始，尚不敢以他自己之名出師，才故意假冒過世的文王。因此在東征伐紂王時，特別在戰車上安排文王之木主，其實這是不忠、不孝之行為。

　　古今中外，雖然有兵不厭詐之事例，但當時的周族，假以死人及諸侯之名，進行征伐大邑之君王，恐已犯有弒君大罪之嫌，當然要受到他人的嚴厲批評。在《史記・伯夷列傳》有載：「於是伯夷、叔齊，聞西伯昌善養老，盍往歸焉。及至，西伯卒，武王載木主，號為文王，東伐紂。伯夷、叔齊叩馬而諫曰：『父死不葬，爰及干戈，可謂孝乎？以臣弒君，可謂仁乎？』左右欲兵之。太公曰：『此義人也。』扶而去之。武王已平殷亂，天下宗周，而伯夷、叔齊恥之，義不食周粟，隱於首陽山，采薇而食之。及餓且死，作歌。其辭曰：『登彼西山兮，采其薇矣。以暴易暴兮，不知其非矣。神農、虞、夏忽焉沒兮，我安適歸矣？于嗟徂兮，命之衰矣！』遂餓死於首陽山。」本卦六三爻及六五爻，各有「輿尸」一詞，應指周軍車載木主一事，而其後果，同樣都是「貞凶」。以本卦之爻辭，對照伯夷、叔齊之諫言，更可理解經文之意涵。

帥師

本卦六五爻辭曰：「長子帥師，弟子輿尸。」大意是指：一方面以
諸侯太子之身分帶兵，一方面由眾弟子車載親人之木主。「帥」字，
《五音集韻》注曰：舒芮切，音稅；同帨，亦佩巾也。本段爻辭似乎在
暗指主帥帶兵出征，卻要刻意經過偽裝；表面上是主帥戴孝披白巾，
而後面跟隨之部隊，還配合以車戴著死人之木主。此段爻辭之內容，
應與文、武二王之故事有關，據《竹書紀年》記載：帝辛三十二年，
西伯帥師伐密；帝辛三十三年，王賜命西伯得專征伐；到了帝辛四十
年，因西伯昌薨，因此由其世子姬發繼位為西伯侯。最後到了商紂之
末年，周武王姬發之勢力已漸壯大，因此他想依循過去文王受命帥師
伐密之舊例，可以享有東征西討之特權，更想伺機對商紂採取軍事行
動。因此武王他就自作聰明，自稱太子帥師，卻以文王之名監軍，這
可說是爻辭「長子帥師，弟子輿尸」之歷史背景與意涵所在。

師左次

本卦六四爻：「師左次，無咎。」師止曰「次」，「軍次」就是指
軍隊駐紮之地；「師左次」，當指武王東征時，曾經駐紮在河南孟津二
年。據考察得知，孟津基本地形地貌，可概括為三山六陵一分川，其
文化積澱深厚。孟津是一個要塞之地，具有四千多年文明史的歷史文
化，據說是龍馬負圖之處，伏羲畫卦之所。在歷史上，像八百諸侯會
盟、楚霸王決河亡秦、伯夷叔齊扣馬諫等許多決定中國命運的重大事
件，都發生在孟津。[3]依前述《史記・周本紀》之記載，武王興兵伐
紂，「東觀兵，至于盟津」，指的就是武王與八百諸侯在盟津會師一事。

　　「盟津」，古黃河渡口名，又稱孟津；臺灣話，「盟」、「孟」同音。古代盟津，位在洛陽城之北、黃河之南岸，其地約略在今河南省孟津縣與孟州市之間。武王東征伐紂時，確實曾經駐紮與會盟於孟津，因孟津位在黃河之南岸，故爻辭應以「師左次」稱之為是。「左岸咖啡」是時下很流行的一個名詞，針對「左岸」一詞，有人提出解釋：「在法國的定義，面向河水下游時，左邊的河岸為左岸。然而在中國歷史上的魏晉南北朝的時候，把面向河流的源頭的左邊的河岸稱為左岸（如「江左」一名）。因此自東向西流動的塞納河，及自西向東流動的長江，它們的左岸都恰巧是河的南岸……左岸具有濃厚的文化或意識形態意味，並衍生出左岸公社、左岸文化、左岸咖啡等產品。」[4]據此觀之，「師左次」之左，與「左岸咖啡」之左，頗有意思聯通之參考價值。

　　據《史記・周本紀》記載，周軍浩浩蕩蕩開到孟津，並在此地大會八百諸侯，雖已興師準備渡河，是時諸侯皆曰：「紂可伐矣」，但武王不允，乃還師盟津。在孟津駐紮二年，聞紂昏亂暴虐滋甚，於是武王徧告諸侯曰：「殷有重罪，不可以不畢伐。」師畢渡盟津，諸侯咸會，武王乃作「太誓」，告于眾庶。另據《史記・齊太公世家》記載：「紂殺王子比干，囚箕子；武王將伐紂，卜龜兆，不吉，風雨暴至。群公盡懼，唯太公彊之，勸武王，武王於是遂行。十一年正月甲子，誓於牧野，伐商紂。紂師敗績，紂反走，登鹿臺，遂追斬紂。」從以上兩段史實觀之，武王和姜尚利用紮營孟津觀兵，並等待時機成熟，才發兵「誓於牧野，伐商紂」。據學者研究認為，姜子牙的謀略在興周滅商中，起了極為重要的作用；「孟津觀兵」是興周滅商前的一次政治、軍事演習，也是對天下人心向背的一次實測；通過這一活動，又吸引了更多諸侯聽命於周王室。[5]

四　六十四卦之聯通

　　《易經》「師」字十一見，其中師卦就有六見，其他諸卦只有五見，包括：泰卦上六爻「勿用師」，同人九五爻「大師克相遇」，謙卦卦上六爻「利用行師」，豫卦辭「利建侯行師」，復卦上六爻「用行師」。師卦之「師」字，兼具王師與軍師之意，而其餘各卦之「師」字，應專指軍隊而言。師卦上六爻有「開國承家」一詞，係指周初受封立國之景況，這是印證古代分封制度之濫觴。有學者認為，周人通過分級立宗的分封制，建立了為數眾多的宗族城邦和多層次的宗族政權。[6]武王翦商興周，在易卦中含有敘述分封諸侯政策者，尚有屯卦「利建侯」，豫卦「利建侯行師」之文辭等。關於師卦之聯通關係，茲簡要介紹如下：

師、比

　　在《易經》六十四卦中，與師卦互有聯通者，要以比卦最為顯著。師卦與比卦之卦序相連，卦象呈上下倒置，兩卦是屬於覆卦之關係。師卦描述周族如何興師伐紂，比卦則在敘述殷王與其輔臣之間的緊密關係。事實上，兩卦所敘述之關鍵性人物，均具有至親之關係，一為武王與丈人姜尚，一為紂王與叔父比干。但是，在兩卦中之最後結局，卻是迥然有別，姜尚因順利輔佐武王興周滅商，立功最大，所以他成為最先受封之異姓諸侯；比干則在殷紂無道下被犧牲了，比干雖有一片忠心，最後他卻難逃一死之命運。

　　在《易經》六十四卦中，從「屯、蒙、師、比」四卦之卦、爻辭分析，即可發現代表商末周初時期之領導核心，他們包括「君、師、

將、相」四位至尊人物。屯卦之「君」是指周武王，蒙卦之「師」是指箕子；而師卦之「軍」或「師」，是指軍師姜尚，比卦之「比」，是指太師比干。師卦與比卦，均以尊王為始；「師」、「比」代表君王旁邊，都有一位掌理軍、政大權之近臣。事實上，在兩卦經文中，師卦有「王三錫命」及「田有禽」之爻辭，代表殷之先王對諸侯的器重，故有文王屢次受命專征之事，後來卻演變成紂王無道，因此成為武王出征之藉口。在比卦中，則有「王用三驅，失前禽」之爻辭，代表殷之先王對萬物萬民的仁德，意指始祖商湯曾有「不合圍」之典故。[7]但是，不幸後來因紂王暴虐無道，最終就斷送殷商之大好江山。

師、禽

師卦是論述一國軍隊出征打仗之大事，而打仗一定要有目標，那就是打敗敵人。在師卦中，爻辭之「師」有「王師」之意，而扮演「敵人」之角色者，當以「禽」字為是。在《易經》全文中，「禽」字共有四見，包括：師卦六五爻「田有禽」，比卦九五爻「失前禽」，恆卦九四爻「田無禽」，井卦初六爻「舊井無禽」。除了師卦言「有」禽外，其他三卦則為「失或無」禽。師卦之「田有禽」，表示田野中有禽類，牠一定是指害鳥或野獸而言；這也象徵田野中如有禽獸出沒時，牠們對於農作物一定會造成很大之傷害。在此，禽或禽獸之意思，可以引申為國中出現喪失人性之氓夫；以師卦之「禽」，正可用牠來暗喻暴虐無道之紂王，他就是人盡可誅之公眾大敵人。

「禽」字，《爾雅・釋鳥》注曰：「二足而羽謂之禽」；《白虎通》注曰：「禽，鳥獸總名，言為人禽制也。」依據經文之整體內容與涵義，易經之「禽」字，應可作三種意義解釋：一作名詞，鳥曰禽；一作動詞，戰勝執獲曰禽；一作複詞之簡稱，禽獸簡稱為禽。臺灣話

稱一個人之行為乖張，其所作所為違反倫理道德，並且明顯泯滅人性者，即以「禽獸」形容他。《易經》用字簡約，經文以簡代繁者，屢見而不鮮，有以單字作為成語、片語、複詞之代稱或簡稱者；例如坤卦爻辭「龍戰於野」之「野」，可作地名「牧野」之代稱；比卦爻辭「比之無首」之「比」，可做聖賢「比干」之代稱；謙卦爻辭「鳴謙」之「鳴」，可作戰役「鳴條之戰」之簡稱；姤卦爻辭「以杞包瓜」之「杞」，可做諸侯「杞國」之代稱……等等，以上謹舉數例，以供佐證之需。準此，「田有禽」之「禽」，可作「禽獸」解，亦可象徵「敵人」之義；師卦爻辭「田有禽，利執言」之「田有禽」，代表軍隊是要為民除害的，而興師伐紂之目的，就是要消滅戰場上的敵人。按，「田」字英文為Field，有「戰場」之義。

五　結論

以古史詮釋《易經》，師卦是一個典型之範例，因為《史記》之〈周本紀〉、〈齊太公世家〉及〈伯夷列傳〉，就分別記載一些相關之史事資料。從周朝興起之歷史背景觀之，師卦之「師」，一指翦商之王師，一指軍師姜尚。事實上，周族之師能夠以寡擊眾，並戰勝當時勢力尚強的殷商，全靠姜子牙「韜晦待機」之策略。據學者研究指出，翦商王師借助「韜晦」之術，先除去紂王的戒備之心，並等待有利時機，再作關鍵性的一搏。武王十一年，商朝統治集團發生激烈的衝突和分裂，在殷紂王眾叛親離和用兵於東夷之際，周王師完全聽命於軍師姜子牙之謀略與指揮，武王才敢出兵攻打紂王。[8]

在師卦經文中，首先以「貞丈人」作為卦辭。在「貞丈人」三個字中，「貞」字，代表用兵之智慧與謀略；而「丈人」兩字，專指兼具雙重身分的姜太公呂尚。當初周武王以足智多謀的姜太公為軍師，並

帶領周族大軍殲滅商紂而建國，並且娶得一位美嬌娘當皇后，她就是
姜尚之愛女邑姜。時下常有人對年輕人調侃而言，說他如果能娶到有
錢人家當媳婦，就可以少奮鬥三十年了，雖然這是從金錢財富觀念出
發的一句玩笑話，但如果是用在三千年前的姬發身上，卻也不為過。
對姜太公呂尚而言，他是周武王的軍師，同時他也是武王姬發的丈
人。「丈人」，應該是武王個人對姜尚的稱呼；而「師尚父」，則是周朝
國人給與姜尚的一種尊榮稱號。臺灣話之「丈人」，意思就是指岳父大
人而言，對照師卦之「丈人」一詞及經文所述之內容，其中之人事意
象，可謂相當符合。

　　自古以來雙方交戰用兵，雖然多是用盡謀略而戰術詭計多端，但
如果不能「師出以律」，甚至因好戰而窮兵黷武，那就會造成毒害百
姓並遭致滅亡之後果。過去殷紂大軍因為長期陷入征討東夷而耗盡國
力，最終就被周族以寡擊眾而打敗，這是一個頗為殘酷的歷史事實。
在另一方面，卦中因「輿尸」而「貞凶」之爻辭，可能是作者針對周
軍師出無名一事，提出一些非議與諷刺。當初周武王心想東征翦商，
卻以車載文王木主而假冒死人之名，因此才招來伯夷、叔齊叩馬而諫
之，這當然不能算是明智之用兵良策。

注釋

1 顧炎武：《日知錄》，卷一（臺北市：臺灣商務書局，1956年），頁8。

2 高樹藩：《正中形音義綜合大字典》（臺北市：正中書局，1977年），頁363。

3 百度百科〈孟津〉：（http://baike.baidu.com/view/140943.htm?fromId=143519），2013/2/5。

4 維基百科〈左岸〉：（http://zh.wikipedia.org/wiki），2013/2/5。

5 劉永恩：〈論姜子牙在興周滅商中的歷史功績〉，《西周史論文集》（西安市：陝西人民教育出版社，1993年），頁926-932。

6 周蘇平：〈周代國家形態探析〉，《西周史論文集》（西安市：陝西人民教育出版社，1993年），頁734。

7 廖慶六：〈淺釋易經比卦〉，《國文天地》，第333期（2013年2月），頁123。

8 劉永恩：〈論姜子牙在興周滅商中的歷史功績〉，頁926-932。

第八講
淺釋易經比卦

一　前言

　　「兩人同心，其利斷金；同心之言，其臭如蘭。」這是《周易・系辭上》引用孔子的一段話。兩個人一條心，就能發揮很大的力量，這是非常淺顯的大道理。事實上，上至朝廷之君臣，下至家庭之夫妻，如果兩人能同心同言，對於舉國百姓及全家親人，都將蒙受其大利。兩人同心協力，才能創造出一個和諧與恩愛之氛圍，這樣對國家、社會、家庭之建設發展，才能有更加堅強與進步之機緣。以君臣兩人之密切關係論之，在《史記》、《竹書紀年》及《尚書・君奭》篇中，可以看到一些商、周歷史人物之成功例證。殷朝從商湯用伊尹為卿士開始，由於他們兩人的互依互信與緊密合作，因此才能共同創建一個嶄新的封建王朝。後來，商朝帝位傳至中宗祖乙時，命巫賢為卿士，再傳至高宗武丁時，更有甘盤、傅說為輔臣。當時國家有明君與賢相之配合，由於他們的緊密關係治國，所以才能為商朝再造一個中興大業之良機。周族則從文王到武王時代，他們先後有虢叔、閎夭、散宜生、泰顛、南宮括、姜尚等大臣之輔佐國政，因此周族之基石才得以鞏固，而周朝之建國使命最後終於達成。

　　在《尚書・君奭》一篇之內容中，讓我們看到周朝初期，其朝中大臣所發揮的政治作用；從老臣輔佐幼君的重要性，讓我們理解君與

臣的互信互賴。事實上，從君臣兩者的至尊地位觀之，如果兩者能肝膽相照，定是一國之福，如果雙方是貌合神離，則是全民之禍。更有甚者，如夏桀、商紂之剛愎自用，他們都算是獨夫，其暴虐無道之行徑，不但邁害一代忠良，最終連國家也都遭到滅亡。觀之《易經》比卦，並對照夏、商、周三代歷史人物之例證，即可幫助我們了解「比」卦所要傳達的意旨。卦中文字有吉、有凶，以君臣關係而論，其結局完全取決於雙方的態度、智慧與作為。「比」字之甲骨文字源，正是取兩個人並立為象，兩者之關係，頗像一國之君王與卿士。以殷商為例，商湯之崛起，是得力於伊尹之襄助，而紂王之毀滅，卻先犧牲掉比干。以古證古、以史解易，因此對於比卦之卦、爻辭本意，只要藉助於相關歷史故事，即可幫助我們順利解讀。本文試以語言文字及歷史文獻之研究法，來探索比卦經文之本意，並依照卦爻辭之解釋、關鍵字辭之解釋、六十四卦之聯通，三個段落順序，分別撰述個人鄙見，並就教於方家。

二　卦、爻辭之解釋

卦辭：比：吉；原筮，元永貞，無咎。不寧方來，後夫凶。

譯文：論比之卦：能得吉祥；必須謹審，且要有善念、堅持與智慧，
　　　　這樣才不會有災禍。發生不安寧之狀況，君王背後的輔臣，有
　　　　凶兆。

初六：有孚比之，無咎。有孚盈罐，終來有它，吉。

譯文：君臣親密而互有誠信，就不會有災禍發生。他們一直抱持著信
　　　　心滿滿之態度和諧相處，最終情況也都會平安、變好，這是吉
　　　　祥之徵兆。

六二：比之自內，貞吉。

譯文：君臣之親政輔弼，必須靠其內在之涵養與才德，要有智慧才會
　　　　得到吉祥。

六三：比之匪人。

譯文：君臣關係如果是貌合神離或同床異夢，其情況恐會叫人不堪設
　　　　想。

六四：外比之，貞吉。

譯文：防止奸臣弄權，君王要能禮賢下士並向外舉才，且要有智慧才
　　　　會得到吉祥。

九五：顯比，王用三驅，失前禽；邑人不誡，吉。

譯文：君臣作風光明磊落，顯現寬恕仁慈之德；君王命令獵人要網開
　　　　三面，讓鳥獸有更多逃命機會。其國人不會因無辜受到懲誡，
　　　　這才是吉祥的徵兆。

上六：比之無首，凶。

譯文：大臣直諫而君王不納，元首失政致使大臣罹災，這是凶厄之兆。

三　關鍵字辭之解釋

　　比卦之「比」字，《周易・象辭》曰：「比，輔也，下順從也。」
《爾雅・釋詁》曰：「比，俌也，與輔通。」《說文》曰：「俌，輔也」；
段玉裁注曰：「其本意謂相親密也。」另外，《爾雅・釋詁》曰：「弼，
俌也。」由此可知，在古代相關注釋文獻中，比、俌、輔、弼，四個

字，其意同而可互為通用，且有「輔弼」連用之例。文字學家高亨先生（1900-1986）引申「比」字之意，稱臣下輔佐其君也，君有臣下輔佐順從，自是吉。[1]古禮論「比」，《周禮·春官》云：「人辨九之名，六曰巫比。」《註》巫讀筮，比謂筮與民和比也。另《周禮·王制》亦云：「必察小大之比以成之。」總而言之，比有上下相輔相成之意思，而比卦則有君臣親政輔弼以治國之意旨。

美國的漢學家夏含夷博士（Dr. Edward L. Shaughnessy）認為，《周易》的基本哲學思想在於變易，其語言用法似乎也不例外，在爻辭裏往往強調某源詞的不同方向。[2]簡單的說，《易經》一字多義之現象，處處可見。《易經》一字多義，或一語雙關，在需卦、師卦、比卦、臨卦、復卦、豐卦諸卦，即可獲得一些印證。其中，比卦從卦辭到六個爻辭，因各有一個比字，更突顯作者對於文字變易的應用。以比卦之卦、爻辭，拿來論述商朝歷史之興起與滅亡，確實令人感到政治之現實與無情。

不寧方來，後夫凶

卦辭曰：「比：吉；原筮，元永貞，無咎。不寧方來，後夫凶。」「原筮」，《爾雅·釋言》注曰：「原，再也。」《疏》曰：「重再也。」宋·朱熹《周易本義》注曰：「必再筮，以自審有元善長永正固之德。」清·薛嘉穎注曰：「一人撫萬邦四海，然必在上自審至再，才有元永貞之果。」[3]按，一人，係指位居上位的帝王；自審至再，是指天子本身，他必須時時謹審他自己的言行。「不寧方來」，意指一國之內政與外交上的不安，因為人民生活於恐懼當中，而異邦諸侯又蠢蠢欲動。事實上，位居上位的帝王如果剛愎自用，他不能謹慎自己的言行，這是造成君臣不能協調的主因，也是引起國家災難的源頭。

　　甲骨文的「比」字，取兩個人並立為象。從字形觀之，兩個人一前一後，象徵地位一尊一卑。一般而言，前者為王，後者為相；尊者為君，卑者為臣。如果君王英明，萬一國家有事，大臣鞠躬盡瘁，都是在所不惜。可是，當君王暴虐無道時，他不再信任大臣，不再接受諫言。當君王變本加厲時，首當其衝而受害最深者，一定是最親近他的大臣了。「比」之古字，取兩個人並立為象，後面一人應為大臣，因此「後夫」者，應指站在君王後方的大臣；「後夫凶」，就是指大臣遭遇到凶兆了。《周易・彖辭》說：「後夫凶，其道窮也。」其意似乎在暗示大臣技窮，連死諫也都無效了。

王用三驅，失前禽

　　本卦九五爻辭：「顯比，王用三驅，失前禽；邑人不誡，吉。」這一爻所代表的意義，是身居上位者的光明正大，與他們的仁慈愛心。君王若具有寬恕仁慈心，仁民愛物之德，這不但合乎禮制，同時還具有保護野生動物，及重視自然生態之概念。本爻辭以君王下令節制田獵方式為喻，說明君王要那些捕捉鳥獸之獵人，只能張用一面之網，好讓田野中的鳥禽可以從另外三個方向逃命。在此情況下，鳥禽來者不拒，去者不追，對野生動物確實具有仁慈寬恕心，因此讓他的國人都能安居而無懼，這當然是一吉祥之徵兆。

　　根據相關史料文獻之記載，天子不合圍，這是古代禮制之一。例如，《禮記・王制》：「田不以禮，曰暴天物。天子不合圍，諸侯不掩群。」西漢・賈誼之《賈誼新書・禮》也記載：「禮，聖王之於禽獸也，見其生，不忍見其死，聞其聲，不嘗其肉，隱弗忍也。故遠庖廚，仁之至也。不合圍，不掩群，不射宿，不涸澤。」而司馬遷之《史記・殷本紀》，也記載商湯的一樁往事美德，其文曰：「湯出，見野張

網四面，祝曰：『自天下四方皆入吾網。』湯曰：『嘻，盡之矣！』乃去其三面，祝曰：『欲左，左。欲右，右。不用命，乃入吾網。』諸侯聞之，曰：『湯德至矣，及禽獸。』」

　　小時候住在鄉下，當時保護野生動物之觀念與法令尚未周全；曾經看到大人利用農暇時期出外打獵，當他們捕捉鳥禽野兔時，大都只張開一面之網。現在回想起來，當時鄉下人張網捕捉鳥禽之作法，與古代「王用三驅，失前禽」之本意，以及「天子不合圍」之禮制，頗為吻合。君王能建立好榜樣，他的臣民當然也會有所遵從，這是相當淺顯的大道理。

比之無首，凶

　　上六爻辭：「比之無首，凶。」高亨曾經注解為：「臣輔其君而罹殺身之禍，若關龍逢、王子比干之類。」[4]參考史料所載，關龍逢是夏桀之輔臣，王子比干則為商紂之輔臣，史上兩人雖以「忠臣」並稱，卻同以「直諫」而橫遭殺身之禍。據《史記‧殷本紀》記載：「紂愈淫亂不止。微子數諫不聽，乃與大師、少師謀，遂去。比干曰：『為人臣者，不得不以死爭。』迺強諫紂。紂怒曰：『吾聞聖人心有七竅。』剖比干，觀其心。」在唐‧張守節《史記正義》書中，他採擷注解古地的《括地志》並解釋曰：「比干見微子去，箕子狂，乃嘆曰：『主過不諫，非忠也。畏死不言，非勇也。過則諫，不用則死，忠之至也。』進諫不去者三日。紂問：『何以自持？』比干曰：『修善行仁，以義自持。』紂怒，曰：『吾聞聖人心有七竅，信乎？』遂殺比干，剖視其心也。」[5]

　　對照卦辭後段文字「後夫凶」，及上六爻辭「比之無首，凶」，即可看出，《易經》作者的特殊排比之寫作技巧。在此，他一方面展現一

字多義，一方面運用一語雙關之寫作技巧，將比干之「比」，鑲入爻辭「比之無首」中；將比干之「死諫」，總結為「後夫凶」，及「比之無首，凶」之不幸下場。據此，若以結局來追溯受害者，那麼被稱為「後夫」者，似以少師「比干」為是；而「比之無首」之「比」，應該就是少師「比干」之簡稱。

四　六十四卦之聯通

在《易經》六十四卦中，以「屯、蒙、師、比」四卦之卦、爻辭分析其意象，即可建構古代國家社會之領導核心，包括「君、師、將、相」四種至尊人物。比卦之「比」，是指臣下輔佐君王，而君王有臣下輔佐順從之意旨。臣比附君而存，兩者關係至為親密，而國家社會之興衰安定，人民之吉凶攸咎，完全取決於君臣之態度與作為。比卦與師卦，是以尊王為中心，在兩卦之爻辭中，分別有「王用三驅」，與「王三錫命」之詞。比卦爻辭「比之無首，凶」，與乾卦爻辭「群龍無首，吉」，剛好形成一個強烈對比。俗稱天行健，天上恆星無數，但宇宙星球決不會停止運轉的；但是地上人間，人心易變，因此不能沒有一個睿智的領袖，以及賢能的大臣。比卦之聯通關係，茲簡要介紹如下：

乾、比

比卦上六爻辭：「比之無首，凶」，對照乾卦用九爻辭：「群龍無首，吉」。於此可以發現，兩卦雖同言：「無首」；其結果，卻是一卦得「凶」，一卦得「吉」。若以天、地、人三者，用來概括宇宙間之物體存在關係，比卦「無首」之意，應指人間失去領導中心，好像國家沒有

了元首般。以商朝末代皇帝為例，紂王之暴虐無道、惡德惡行，已經失去一國君王之風範，而君臣親輔功能盡失，儘管有比干的直諫，國運最終也是無力挽回。

相對來講，乾卦「無首」之意，是指宇宙星空之自然景象，在晚上看不到太陽。按，古文「龍」、「能」二字，形近而義通，臺灣話發音同。「能」有熱能、能源之意，其英文字為 'Energy'，即今日所稱的太陽能（Solar Energy）之「能」。乾卦之「首」，似指太陽。地球以太陽為首，因為地球是屬於太陽系的一個星球，而太陽只是宇宙間無數恆星之一。恆星中的太陽離我們最近，太陽與我們的關係最密切，「群龍無首」，意指在晚上看不到太陽。事實上，「群龍」比喻所有宇宙間的恆星，也包括太陽，甚至可以涵括宇宙星空中的所有行星。乾卦之爻辭：「群龍無首，吉」，表示晚上雖然我們看不到太陽，但所有宇宙星球，卻是照樣運轉如常，且夜平靜而人吉祥。

有它

《易經》出現「有它」之詞，共有三見。在比卦之初六爻，其辭曰：「有孚比之，無咎。有孚盈罐，終來有它，吉。」另外，大過九四爻：「棟隆，吉；有它，吝」，及中孚初九爻：「虞吉，有它不燕。」古代「它」字，本義是虫；虫，今字或作蟲。據《說文》曰：「虫也，本作它，从虫而長。」《玉篇》曰：「古文佗字。佗，蛇也。上古艸居，慮它，故相問無它乎？」又《玉篇》曰：「非也，異也。」蛇，《唐韻》曰：食遮切。《韻會》曰：「蛇，本作它，湯河切。」《說文》曰：「它，从虫而長，象冤曲垂尾形。上古草居患它，故相問無它乎？」臣鉉等曰：「今俗作食遮切。」另外，高亨認為：古語稱意外之患為它。[6] 依詞定義，《易經》中「有它」一詞，應以解作「有異」為佳。三卦爻

辭中的「有它」，結果分別是：吉，吝，不燕；三卦之情境有異，因此改變之結局，也就各有不同。

　　《玉篇》注「它」為「異」。按，「異」字之義，指兩種事物之間，存有互相對立之意思表示。例如：剛與柔，陰與陽，對與錯，是與非，好與壞，有利與無利……等等，都有指稱兩者對立，或具有差異性質。在臺灣話中，針對他人已經改變或準備改變之一種情境，會順口說出一句特有的警示性話語；通常是在句子的結尾，加上「無確它」三個字。「無確它」之「它」，發音如同「蛇」。按，「蛇」本作「它」，而「蛇」之古音，如《唐韻》注：食遮切。從「無確它」之「它」，可以見證某些臺灣話之用字發音，正是上古漢語的活化石。

　　事實上，臺灣人以「無確它」語氣告誡他人，表示對他人之新改變、新作為，感覺不會變好。例如，當我們聽到親友即將換新工作，或要改變新行業時，即會以疑問語氣對其前途表示很不樂觀。臺灣話中之「無確它」，與現今年輕人「沒差啦」之口頭禪頗為相似。臺灣話「無確它」，話中帶有「前途未卜」之警示用意。拿新的改變，去比對舊的，到底會產生什麼樣的差異？其情況是否會變好？對其結果，總是抱持著一種很懷疑而保留之態度。雖然這是一種警示或懷疑語氣，其實也算是一種善意與關心。準此，在《易經》比卦、大過卦、中孚卦中，三卦所用的「有它」一詞，與「有異」之意思相似，含有改變之意思表示。總而言之，比卦初六爻辭「終來有它，吉」，表示最終情況，將會得到平安、變得更好，當然這是一個吉祥徵兆。

五　結語

　　「比」字多義，而其衍生之詞義亦多，例如比方、比附、相比、類比、對比、親密、親輔、輔佐、輔弼等等。比卦卦、爻辭之「比」

字，以君臣親密相依為意象。本卦論述君臣之親密關係，有如「比」為兩人相依之象；兩者若能發揮親政、輔弼以治其國，如此國家就能長治久安。此外，上六爻辭之「比」字，則可視為少師「比干」之簡稱，因為他的直諫，不但紂王不予採納，最後還賠上一命，但最終之結局，卻是商朝遭到周族之滅亡。

　　「比」之甲骨文字源，是取兩個人並立為象。《易經》「比」卦，則以君臣之親政輔弼為意象，若以商代君臣之關係為證，發現蒙受大吉大利者，要以商湯與伊尹為始。論商湯與伊尹之輔佐關係，可概分為三個階段：伊尹歸湯，伊尹輔湯，伊尹相湯。繼之者，有中宗祖乙任命巫賢，高宗武丁舉用傅說等佳例。但是，最後造成朝代滅亡之結局者，卻不幸落在紂王與比干兩個人身上。另依《竹書紀年》、《尚書》、《史記》等相關文獻史料之記載，武丁、名昭，殷之大仁也。王命卿士傅說，力行王道，嘉靖殷邦；頌聲作，在位五十九年，廟號高宗。事實上，武丁繼承王位後，為了改革商朝官僚制度，他先任用甘盤為卿士，繼之以傅說為相，並置之左右，命他管理商王朝百官。當時，武丁還命傅說，朝夕納誨，以輔佐武丁執政，為其政拾遺補缺。這是「比」卦最值得一舉之案例，而其成功之關鍵，在於傅說告誡武丁：為政要慎言、慎兵、慎禮、慎省。[7]

　　以古代封建國家之君臣關係，對照現代國家之黨政界，就有如黨主席與秘書長，總統與院長。在商業界，則像總裁與CEO，董事長與總經理，老闆與夥計，船長與大副……。世界局勢瞬息萬變，在外電報導中，常出現一個緊張字眼'Unrest'。'Unrest'指政局不安定，它與比卦「不寧方來」之情況，頗為相似。這是指國外有某一國家或地區，其政局正陷入混亂狀態，該處隨時有爆發內戰之危機，例如近年之埃及、利比亞、敘利亞、葉門、緬甸等國為是。追根究柢，會發生'Unrest'之原因，當以獨裁者為禍首，因其元首與臣相失去誠信，最後

逼得人民走向革命之一途。反觀商末之政局，比干之死諫，紂王之滅亡，殷鑑可為明證。

注釋

1 高亨：《周易大傳今注》（北京市：清華大學，2010年），頁93。

2 （美）夏含夷：《興與象：中國古代文化史論集》（上海市：上海古籍出版社，2012年），頁103。

3 薛嘉穎（悟村）：《易經精華》卷一（臺北市：傳統書局，1978年），頁32。

4 高亨：《周易古經今注》（臺北市：華聯出版社，1981年），頁33。

5 司馬遷：《史記》（臺北市：中新書局，1976年），頁109。

6 高亨：《周易古經今注》（臺北市：華聯出版社，1981年），頁94。

7 韓江蘇、江林昌：《殷本紀訂補與商史人物徵》（北京市：中國社科出版社，2010年），頁155。

第九講
淺釋易經大有卦

一　前言

　　中國自古即有以農立國之說法。民以食為天，糧食是廣大人民的生活必需品，也是重要的戰略物資。在過去封建時代，王者以農為本的治國理念，當政者都很強調以民為本，及以農立國之政策主張。因此，為了農作物之大豐收，所以要定期舉辦祈穀祭天，而天子在立春日施行躬耕之禮俗，確實具有時代性之意義。《詩經·小雅·北山》云：「溥天之下，莫非王土，率土之濱，莫非王臣。」在中國傳統文化中，社稷可以代表國家，而「稷」是指穀神、穀物，有了人民、土地和農業，這樣才能形成一個國家。在封建王朝時代，全天下之土地、人民，都歸天子一人所有。宋·王禹偁《謝曆日表》曰：「臣聞天道無私，所以運行寒暑，聖人有作，所以恭授民時，俾令率土之濱，共樂同文之化。」對於天子與全民應該如何順天行事，如何同甘共苦，這是一個很好的詮釋；而恭授民時，與躬耕勸農，可說是古代封建國家的大事。

　　《易經》「大有」卦之內容，在於敘述農作物的長成，並以天子之躬耕作為表率。卦中對於穀物豐收之期待，心中對上天保佑之感恩，所有相關之意境，均透過經文一一呈現出來。本文試以語言文字及歷史文獻之研究法，進行解讀「大有」卦之卦、爻辭。為了探索全卦經

文之內容，本文將依照卦爻辭之解釋、關鍵字辭之解釋、六十四卦之聯通，三個段落順序，分別敘述個人鄙見，並就教於方家。

二　卦、爻辭之解釋

卦辭：大有：元亨。
譯文：論大有之卦：農作物大豐收，這是上天賜予的最大福澤。

初九：無交害，匪咎；艱則無咎。
譯文：禾穗尚未交頭成熟而受災害，但無須自責；只要你能辛勤耕作，就不會有過錯的。

九二：大車以載，有攸往，無咎。
譯文：〔立春日〕大車載運耒耜農具，以供天子在帝籍田躬耕勸農，這不會有錯的。

九三：公用亨于天子，小人弗克。
譯文：〔躬耕返〕天子宴請公卿大官於太廟，飲之以酒；一般小官庶民，就沒有這種福分了。

六四：匪其彭，無咎。
譯文：〔在南郊〕天子以三推儀式躬耕帝籍田；其他整地播種等繁雜工作，雖不需由他去完成，但不會有不當之處。

六五：厥孚，交如威如，吉。
譯文：〔依節氣〕如期耕種他們的農地，從播種插秧、開花授粉，到禾

穗交頭黃穤，穀物都長得很飽滿茂盛之樣子，這是豐收吉祥之好兆頭。

上九：自天祐之，吉，無不利。

譯文：農作物大豐收，都是來自於老天之庇佑，這是吉祥之好徵兆，有助於人民過著安和樂利之生活。

三　關鍵字辭之解釋

大有卦，除了卦名外，在卦、爻辭內容中，都沒提到「大有」兩字。但是，仔細觀察六個爻辭，即可看出作者是在敘述農耕與作物的成長過程，其中還強調禾穗在授粉交頭階段的重要性，及宣示天子躬耕祈年所具有的特殊意義。根據《春秋左傳》、《竹書紀年》等古籍文獻之記載，「大有」是指古代農作物大豐收之意思，而「大有年」，即代表穀物大豐收之年。例如：《春秋左傳・宣公十六年》云：「冬，大有年」；《竹書紀年》載：「周武王十三年，秋，大有年」。當時的相對性用語，還有：大旱、大雨、大饑、大蒐……等。自古以來，農民都是期待風調雨順，好讓他們的農作物，年年都能大豐收。但是，天候條件所造成的損害與歉收，卻是影響頗大，因此除了個人要辛勞耕作之外，還要有上天之庇佑，及來自天子的關心與參與，這些情況都將給全國農民，帶來無比的信心與鼓勵。本卦之關鍵字，以「交」、「彭」兩字為主，從這兩個字，可以看到天子之躬耕，以及穀物豐收所呈現的吉祥安樂之景象。茲分別解釋如下：

交

《說文》曰：「交，交脛也。从大，象交形。」「交」字，被解為象人立而兩腿相交形。[1]此說頗有商榷餘地，因《說文》大都以小篆字形為本，在文字演變過程中，與最初甲骨文「交」字之本意不合。按，郭若愚《殷契拾綴》二編，及胡厚宣《甲骨續存》上冊，二書所著錄之甲骨文「交」字，其字形頗像小麥、稻穗經授粉之後的禾穗。小麥、稻，屬禾本科作物，它是先民們最主要的農作物與糧食來源，在禾穗最後長成小麥、稻穀前，必經禾穎的開啟與閉合，並完成授粉之程序。觀察臺灣農民種稻之經驗，其長成全過程大約如下：撒種→禾苗→插秧→抽穗→弄花（開花授粉）→交頭（穗稈垂頭）→黃稿（稻穀金黃）→收割。當稻子進入「抽穗→弄花→交頭」之階段，正是影響稻穀豐收與否的關鍵期。一般來講，稻禾開花、授粉，經過雌雄授粉程序後，穗稈因重量增加而漸漸呈現垂頭之狀態，這般情況，臺灣農人稱之為「交頭」（KAU₃ TAU₅）。準此，「大有」卦爻辭中的「交」字，可作穗稈「交頭」狀況之注解。

《易經》「大有」卦初九爻辭中：「無交害」一詞，概指穀物在授粉階段，或許因天候不佳，或受到大風大雨之影響，以致授粉與交頭之最重要過程無法順利完成。「無交害」，意指穗稈因沒有呈現交頭狀況，致有農作物歉收之災害。在本卦各爻辭中，初九及六五兩爻，各有一個「交」字。初九爻因「無交」而「害」，與六五爻因「交如威如」而「吉」，這兩個爻辭之意涵，剛好形成一個強烈對比。如果稻、麥之禾穗沒有順利授粉與交頭，其結果當然會造成歉收；反之，如果一年到頭都是風調雨順，禾穗自然會長得很好，看到稻穗飽滿而垂頭，秋冬之大豐收，自然可以預期無虞了。

彭

　　根據字書注釋與學者研究，「彭」字，《釋文》注曰：步郎反；子夏作「旁」解。孔穎達《周易正義》，解曰：彭，旁也，子夏作「旁」，換字也；「彭」、「旁」，音義俱同。[2]再依《正中形音義綜合大字典》注解「彭」字，曰：蒲昂切，音旁；義通「旁」。書中另注「旁」字，曰：从方凡聲；並引徐中舒氏之說，以為「方象耒之形……起土用方。」旁，指在耒側者言，故从方。[3]綜合分析兩字之音與義，「彭」、「旁」確有互通之處；「彭」等於「旁」，含有起土耕作之意思。另外，本卦之「彭」字，和姓氏之「彭」字一樣，其臺灣話之發音完全相同。事實上，臺灣話「彭土」（PHEN₅ TOLL₅）之義，是指作物播種之前，農民來到田地上，以耒耜農具進行鬆土剗平之工作而言。「大有」卦六四爻辭：「匪其彭，無咎」，其中「彭」字，應指立春日，天子按禮俗親行鬆土之動作。

　　古代在立春日，確有天子躬耕之禮俗，這表示依時勸導農民耕作之重要性。事實上，在立春日只須進行象徵性動土儀式，而全面性之耕耘播種工作，還要等到氣溫回暖時，才可依序進行。古代天子之躬耕，主要目的在於勸農；而爻辭「匪其彭，無咎」之意義，代表由天子主持春耕禮即可，其餘工作可以由他人來代勞。在先秦兩漢文獻中，《禮記・月令》：「〔孟春之月〕天子親載耒耜……率三公、九卿、諸侯、大夫躬耕帝籍。天子三推，三公五推，卿、諸侯九推。」另《淮南子・時則訓》及《呂氏春秋・孟春紀》兩書中，亦有記載立春之日，天子親率三公、九卿、大夫以迎歲于東郊之事。天子籍田約有三千畝，以供祭拜上帝之粢盛。事實上，天子躬耕帝籍田，只是一種示範性質，而其本義是舉行耕種儀式以勸農。依呂不韋《呂氏春秋・孟

春紀》之記載：

> 先立春三日，太史謁之天子曰：「某日立春，盛德在木。」天子
> 乃齋。立春之日，天子親率三公、九卿、諸侯、大夫，以迎春
> 於東郊。還，乃賞公卿、諸侯、大夫於朝。命相布德和令，行
> 慶施惠，下及兆民。慶賜遂行，無有不當。乃命太史，守典奉
> 法，司天日月星辰之行，宿離不忒，無失經紀。以初為常。是
> 月也，天子乃以元日祈穀于上帝。乃擇元辰，天子親載耒耜，
> 措之參于保介之御間，率三公、九卿、諸侯、大夫，躬耕帝籍
> 田。天子三推，三公五推，卿、諸侯、大夫九推。反，執爵于
> 太 ，三公、九卿、諸侯、大夫皆御，命曰「勞酒」。是月也，
> 天氣下降，地氣上騰，天地和同，草木繁動。王布農事，命田
> 舍東郊，皆修封疆，審端經術，善相丘陵阪險原隰，土地所
> 宜，五穀所殖，以教導民，以躬親之。田事既飭，先定準直，
> 農乃不惑。[4]

孟春正月，在春耕之前，天子率諸侯親自耕作「帝籍田」，皇帝在親
耕儀式完畢後，就登上觀耕臺，並觀看公卿諸侯大臣們的耕作。「祈
穀」，旨在祈求農作物豐收，這是原始社會的禮俗之一。「躬耕」，寓有
重視農業生產之意，自周、漢以下，各代多行之。據古書記載，立春
屆晨，以太牢祀先神農，在國都南面近郊，天子執耒三推三反（返），
群臣以次耕，王公諸侯五推五反，卿大夫七推七反，士九推九反。最
後才由「籍田令」，率其屬，耕播畢，禮成，並命天下州縣，及時春
耕。[5]

　　有趣的是，「天子籍田三推犁下土」，居然也可以入藥。明・李
時珍在論述用藥之《本草綱目・土部》篇章中，共列有六十一種特
殊用土，包括天子籍田三推犁下土、車輦土、寡婦床頭塵土、燒屍場

上土、冢上土、桑根下土、土蜂巢上細土、驢溺泥土、胡燕窠土、鼠壤土、鼢鼠壤土、屋內壖下蟲塵土、豬槽上垢土、百舌鳥窠中土、古磚、墨、香爐灰等等。各種名稱，聽來都很古怪，卻都能入藥。書中關於「天子籍田三推犁下土」之項目，有如下之內容：「(《拾遺》)釋名：時珍曰《月令》天子以元日祈穀於上帝，親載耒耜，率三公、九卿、諸侯、大夫躬耕。天子三推，三公諸侯五推，卿大夫七推。反執爵於太寢，命曰勞酒。氣味無毒。主治：水服，主驚悸癲邪，安神定魄強志。藏之，入官不懼，利見大官，宜婚市，王者封禪五色土次之（藏器）。附錄：社稷壇土、春牛土、富家土、亭部中土……。」[6]以中醫典籍印證「帝籍田」之事實，讓人更加容易理解大有卦「彭」字之古音與本意。

在本卦中，似有同一爻辭可作二解者。例如九二爻辭：「大車以載，有攸往，無咎。」原意應是，天子命以大車載運耒耜農具，來到帝籍田並躬耕勸農，這不會有錯的。但可另作一解，表示農作物收成時，農民以牛車裝載穀物回家，因此讓他們的生活能安居足食，這樣人民也就無憂無慮了。同樣情形，如六四爻辭：「匪其彭，無咎。」原意應是，天子在立春日來到帝籍田，並進行三推儀式以示躬耕農地，其他的整地播種工作，就不需要由他來完成，這不會有錯的。但另有一解，表示在立春日，農夫還不用下田耕作，這不會有錯的。按照傳統農民曆所載，在太陽曆二十四節氣中，「立春」排在「大寒」之後，此時氣溫尚低。事實上，民間自古即有：「最喜立春晴一日，農夫不用力耕田」之俗諺，這裡似乎在暗示，在「立春」日這一天，僅需由天子做出躬耕農地之象徵性動作。立春日不適合馬上耕作之原因，包括天氣尚冷、氣溫仍低，加上此時，農民正準備過年，或正在過農曆春節假期。而且元宵節尚未過完，因此大家還處於過年氣氛中，所以農民都不必急於下田耕作。事實上，以上二爻雖有不同之解釋，但均以第一解為佳。

四　六十四卦之聯通

　　《易經》之遣詞用字很精簡，卻也隱含意象聯通之設計，因此在六十四卦之卦名及卦、爻辭中，常存有相似或對立之用字與結構。以卦名為例，「大畜 vs. 大有」，「謙 vs. 晉」，「同人 vs. 家人」，這三組卦名都具有對立性之意涵，同時也恰似一對對「殷商 vs. 周朝」之歷史寫照，好像作者要藉殷、周兩族之興起，作為易卦內容之敘述與哲理之闡揚。在用字與結構相似方面，例如大有卦六五爻辭：「交如威如」；屯卦六二爻辭：「屯如邅如」；賁卦九三爻辭：「賁如濡如」，六四爻辭：「賁如皤如」；離卦九四爻辭：「來如焚如」、「死如棄如」；晉卦初六爻辭：「晉如摧如」，六二爻辭：「晉如愁如」；及萃卦六三爻辭：「萃如嗟如」。以上各卦之「如」字，均作副詞解，有「像（什麼）一樣地」之意思表示。在爻辭中，把副詞「如」字，放在動詞「交」、「屯」、「晉」……之後，它具有加強動作與修飾語句之作用。再如，大有卦九三爻辭：「公用亨于天子」；隨卦上六爻辭：「王用亨于西山」；益卦六二爻辭：「王用亨于帝」；及升卦六四爻辭：「王用亨于岐山」。這些屬於不同卦別之爻辭，都是用於比較重要的人、事、地之敘述上。

　　審視《易經》之內容，大有卦似以周族之農業發展為意象，而大畜卦則是敘述商族在馬、牛、豬牲畜方面之馴養與成就。回顧中國歷朝歷史之發展，殷朝先公在畜牧業與商業之發展上，屢有發明與獲利；而周族之興起，則與始祖后稷在農業上的功績，及發展農殖百穀有很密切之關係。在這兩卦內容中，提到「大車」或「輿衛」之利用，及感恩上天之庇佑。有學者研究認為，周代的文化總體上是屬於「禮樂文化」，而與殷商的「祭祀文化」有所區別，但禮樂文化本來源自祭祀文化。[7]事實上，以周朝始祖后稷降播，農殖百穀，天子立春躬

耕帝籍田，祈穀祭天等事蹟，這些都含有禮俗的成分。相對的，殷商擅於畜牧養殖業，其先王曾馴服馬、牛、豬，在甲骨卜辭記錄各種祭祀之事實，都是展現他們的祭祀文化之特色。茲以大有卦與大畜卦為例，簡介其相對關係如下：

大有、大畜

從周族翦商到武王過世，因時間較短而史事記載較少。但是，在武王克商之第二年，史書就出現一個「大有年」之記載。事實上，中國以農立國之說法，應與周族之興起有關。根據歷史學家顧頡剛（1893-1980）之研究指出：「秦以前的國家宗教是很簡單的，最大的祭禮是郊，一年一次，祭的是天，也把天子的最有功德的祖先去配享。例如周人，他們的始祖是后稷，后稷在農事上是有大功勞的，所以他們在郊祭時，便以后稷配天，連帶祈求年穀的豐登。」[8]《史記》分別在夏、殷、周，三代之本紀篇，都記載關於后稷在農事上的功勞與成就。史書記載，大禹、皋陶因久勞於外，其有功乎民，民乃有安；而后稷降播，農殖百穀，亦有功于民，舜乃命大禹、皋陶、后稷為三公。另在〈周本紀〉中，記載：「周后稷，名弃……弃為兒時，屹如巨人之志。其遊戲，好種樹麻、菽，麻、菽美。即為成人，遂好耕農，相地之宜，宜穀者稼穡焉，民皆法則之。帝堯聞之，舉弃為農師，天下得其利，有功。帝舜曰：『弃，黎民始飢，爾后稷播時擺穀。』封弃於邰，號后稷。」過去封建時代，比較強調以民為本，及以農立國之政策。因此，有祈穀祭天，及天子在立春日躬耕之禮俗。

反觀商朝的興起與歷史發展，當然比周族要早且更加久遠，而其經濟模式又與周族顯有不同。根據學者之研究指出，商族起初是一個典型的遊牧民族，其最原始的生活模式和經濟特徵就是遊牧經濟。商

族在先商時期，雖已開始接受農業文明的生活和經濟模式，但其中一個重要標示，就是畜群的飼養。商族人曾較早地學會和使用圈養一些牲畜。[9]《管子・輕重戊》記載：「殷人之王，立皂牢，服牛馬，以為民利，而天下化之。」《竹書紀年・帝泄十六年》、《楚辭・天問》等史料文獻，也記載殷侯王亥喪牛、羊於有易國之故事，表明當時他們在畜牧業上的驚人成就，因此才有剩餘之牲畜，可以帶去鄰國當作貿易之物資。此外，殷墟出土甲骨卜辭數量非常多，其內容又與祭祀文化有關；從占卜所使用的牛、羊、豬之肩胛骨頭，亦可見證他們在圈養牲畜方面的豐盛成果。另一方面，從《易經》「大畜」卦之爻辭中，也可看到商人在服馬、馴牛、養豬等畜牧業之成果表現。例如，「大畜」卦有九三爻辭：「良馬逐」，六四爻辭：「童牛之牿」，及六五爻辭：「豶豕之牙」。上古時代的良馬、童牛、豶豕，足以說明當時在畜牧業之發展，確有重大的發明與突破。《世本・作篇》記載：「胲作服牛，相土作乘馬。」一般相信，這是指商族先公們在「服牛乘馬」方面的貢獻。對照「大畜」卦，並詳讀其爻辭之內容，即可為古籍文獻等，找到相關的佐證資料。

五　結論

臺灣話可以見證古代農事用語，可以考證易經之用字本意，從大有卦之爻辭中，即可得到一個驗證。大有卦中之「交」、「彭」兩字，正是解讀本卦內容之關鍵所在。若以臺灣話解讀，交等於交頭（KAU₃ TAU₅），彭等於彭土（PHEN₅ TOLL₅）。從「交」、「彭」兩字出發，可以幫助我們理解古代以農立國之歷史背景，及天子躬耕勸農之重要性。民以食為天，糧食要大豐收，自然要有上天的保佑，因此從古代的祈穀祭天，到現代人之豐年祭，在在顯示人民畏天、敬天之傳統習

俗。

古代天子恤民勤稼，歷代皇帝都很重視農業生產。一年之計在於春，因此舊王朝特別在孟春之月，於立春之日舉辦迎春勸農之禮俗。周朝的始祖是后稷，后稷在農事上建有大功勞，而關中一帶，因位處河、渭之間，該地區土肥水足，這裡是稻、麥等穀物生長的好地方。史書記載：「周武王十三年，秋，大有年」，這一年只是武王克商後的第二年。從后稷降播，農殖百穀，到武王時喜逢大豐收年，象徵《易經》「大有」之卦名與內容，與周朝之興起與發展，似乎含有褒揚與稱羨之意味。

晉・孔晁注《逸周書》十卷，原典是一部先秦史籍，它以記載西周諸王之歷史事件為主，可視為《尚書・周書》王國史料之補餘篇。《逸周書》據《呂氏春秋》內容，補成〈月令解〉長文一篇，其中詳細記載一年十二個月之月令，及相關的王事與農事諸事宜。《呂氏春秋・紀》及《逸周書・月令解》相關篇章，均按月紀事，可算是一國之行事曆，它與現今所見《農民曆》之內容與功用，頗為相似。

隨著科技的進步，過去以農立國之政策與觀念，目前均有所改變。尤其是，近代農業受到基因工程（Genetic engineering, GE）的影響與衝擊，對於穀物的成長，以及品種、蟲害、收成等方面，均有驚人的改良成效，但也滋生一些爭議。在其他建設方面，雖然存有「人定勝天」之說，但是在農業生產上，例如穀物基本的成長過程，與農夫辛勤耕作之精神，以及對天、對人抱持感恩的心，卻也是一項永不磨滅的哲理。

注釋

1 馬如森：《殷墟甲骨文引論》（長春市：東北師範大學，1993 年），頁 548。

2 丁四新：《楚竹書與漢帛書周易校注》（上海市：上海古籍出版社，2011 年），頁 433。

3 高樹藩：《正中形音義綜合大字典》（臺北市：正中書局，1977 年），頁 647。

4 許維遹：《呂氏春秋集釋》（臺北市：鼎文書局，1977 年），頁 51-55。

5 百度百科：http://baike.baidu.com/view/71782.htm（2012/11/12）。

6 中醫寶典：http://zhongyibaodian.com/bcgm/tianzijitiansantuilixiatu.html（2012/11/12）。

7 陳來：《古代宗教與倫理──儒家思想的根源》（北京市：三聯書店，1996 年），頁 119。

8 顧頡剛：《秦漢的方士與儒生》（上海市：上海古籍出版社，1954 年），頁 113。

9 朱彥民：《商族的起源、遷徙與發展》（北京市：商務印書館，2007 年），頁 367-395。

第十講
淺釋易經謙卦

一　前言

　　回憶高中求學時代，初次聽到班導師介紹《易經》這部古代經典，他還強調《易經》之義理哲學，與我們日常做人處事，具有相當密切之關係。當時老師特別說明《易經》共有六十四卦，每一卦都有不同之易象與哲理，同時也各有不同之吉凶攸咎，唯獨謙卦這一卦，才是得益而無害之卦。今天我們若從卦爻辭觀之，謙卦之下三爻，皆得吉，而上三爻，皆得利。事實告訴我們，做人態度如果能夠謙虛或謙讓，就比較不會有不利或災害之後果。做人謙虛、謙恭或謙讓，應該算是中華文化中頗具特色之美德，它與西方文化比較強調個人之表現與利益，確實有所不同。

　　從歷史文獻中可以發現，古代因有身居上位者之謙虛退讓，所以才能塑造「天下為公」之政治典範。事實上，以堯、舜禪讓天下之故事，讓我們見識到古人「讓王」之崇高表現，而後人對於他們的偉大無私精神，更是敬佩不已。後來商湯伐夏桀而有天下，其「三讓」賢士與諸侯之過程，頗能與堯、舜禪讓天下之行為表現，具有前後輝映之傳承效果。另據現有族譜之記載，「讓」氏之得姓由來，也與退讓帝位有點關聯。參閱湖北《讓氏家譜》內容，其中有一篇譜序記載：「考究姓氏諸書，讓姓均未之見。觀之譜稿，乃知始祖鑾公，即有明惠

帝，遜國出亡後，改隱之姓名，顧名思義，暗寓遜國之意。」[1]從讓氏家譜所記之姓氏淵源，可以讓我們知道，因先有明惠帝之出亡，其裔孫遂以「讓」氏為姓，這也算是後世「讓王」的一個特殊案例。

　　以古證古、以史解易，因此對於謙卦之卦、爻辭本意，若能藉古代相關史料文獻，去進行考證與解讀，確實會有助益。本文試以語言文字及歷史文獻之研究方法，來探索謙卦經文之本意，並依照卦爻辭之解釋、關鍵字辭之解釋、六十四卦之聯通，三個段落順序，分別撰述個人鄙見，並就教於方家。

二　卦、爻辭之解釋

卦辭：謙：亨，君子有終。

譯文：論述謙讓之卦：做人謙讓可得福澤，權貴偉人因此能獲得善終好結果。

初六：謙謙君子，用涉大川，吉。

譯文：做人很謙虛、謙讓之權貴偉人，可用此厚德向外發展，他會得到吉祥祝福。

六二：鳴謙，貞吉。

譯文：知名而能守謙的賢士，這就是他們的做人智慧，也會得到吉祥祝福。

九三：勞謙，君子有終，吉。

譯文：雖有功勞而能謙讓的權貴，他們將會有好結果，也會得到吉祥祝福。

六四：無不利，撝謙。

譯文：能行施予或讓與的人，為人處事都將平安順利。

六五：不富以其鄰，利用侵伐，無不利。

譯文：對鄰國要持戒盈態度，並以謙謹策略應付征戰，如此才能攻無
　　　不克。

上六：鳴謙，利用行師，征邑國。

譯文：有功名又能謙讓之人，他的出師用兵將無所不利，且征伐大國
　　　諸侯，也都將無所阻擾。

三　關鍵字辭之解釋

鳴謙、勞謙、撝謙

　　謙，敬也、讓也，因此有謙讓、謙遜、謙誠、謙敬、謙謹、謙
和、謙虛、謙柔、謙德等等衍生出來的實用語詞。古人說，厚德曰
謙。對於「謙」字之義，宋儒程頤稱：「有德而不居」；朱熹謂：「有而
不居。」謙卦，它所要強調的是，謙讓之德最是難能可貴。歷史上，
確實也有不少因謙讓而受到崇敬之賢士與君王。事實上，謙之態度表
現，在於戒盈，因此要以擁有權勢、地位、才能、錢財之人，最能體
現出他們的謙讓、謙誠、謙敬……等等做人美德。

　　在謙卦之爻辭內容中，作者分別以鳴謙、勞謙、撝謙，代表謙讓
者之良好表現。事實上，在遠古、上古時代，確實可以從史書記載或
傳說故事中，找到符合三種謙讓美德的典範人物。舉例言之：一、鳴
謙，指因有名望而能謙之人，例如婉拒堯之讓位的許由，婉拒舜之讓

位的子州支伯，及婉拒湯之讓王的卞隨、務光等賢士；二、勞謙，
指建立事功而能謙之人，如治水有功之夏禹，及驅逐暴桀的商湯；
夏禹、商湯，都是先為萬民服務，再受眾人景仰之開國帝王；三、撝
謙，以具體行動走避並捨棄王位之繼承者，如周太王古公亶父之子泰
伯、仲雍，及孤竹國之伯夷、叔齊，他們都是屬於明智而謙讓之一代
君子。

撝謙之「撝」，依高亨（1900-1986）之解釋，疑當讀作「為」。他
說：撝、為兩字，同聲系，古通用。他引用《廣雅・釋詁》之注釋，
並指出：為，施也；蓋，為有施行之義，亦有施予之義。[2]再以《周
易・象傳》之解釋為例：「撝謙，不違則也。」不違則，就是不違背
法則，包括不違逆父親之心意，並以孝順作為盡天道、遵法則之人。
《史記》記載泰伯、仲雍，及伯夷、叔齊之謙讓典故，從中可以看出他
們都能體會他們父王心意，為了不去違逆父親，因此他們決定遠走高
飛，以具體行動宣告拋棄王位之優先繼承權。犧牲小我、完成大我，
這種個人之謙讓行為，可謂是非常明智之舉，也相當符合「謙」卦六
四爻辭「無不利，撝謙」之意涵。

在謙卦爻辭中，唯獨「鳴謙」兩見，一在六二爻、一在上六爻。
準此可證，「鳴謙」在本卦之中，具有比較特殊的意義。尤其以「鳴」
字，更是扮演一個非常關鍵的效果。古代一字多義，在《易經》中
之用字，更是常見。以謙卦之爻辭：鳴謙之「鳴」字為例，本指一
個偉人之聲名在外，但也可另作古地名「鳴條」之代稱。湯代桀而有
天下，就是在最關鍵的「鳴條之戰」這一役，他因戰勝夏桀而一鳴驚
人。謙卦上六爻辭中，鳴謙之「鳴」，即有表示「鳴條之戰」之意涵；
而鳴謙之「謙」，則有表彰「商湯讓王」之史實。以下列舉相關之史事
典故，以供人物事蹟之佐證，並先從禪讓政治談起，再敘「鳴謙」之
事實與意象內容。

　　遠古時代之禪讓政治，要以堯讓位給虞舜，及虞舜讓位給夏禹之事蹟，最為著稱。考《尚書》之堯典、皋陶謨，備言虞、夏禪讓之事。再依《史記·伯夷列傳》之記載：

　　　　夫學者載籍極博，猶考信於六藝。詩書雖缺，然虞、夏之文可
　　　　知也。堯將遜位，讓於虞舜，舜禹之閒，岳牧咸薦，乃試之於
　　　　位，典職數十年，功用既興，然後授政。示天下重器，王者大
　　　　統，傳天下若斯之難也。而說者曰：堯讓天下於許由，許由不
　　　　受，恥之逃隱。及夏之時，有卞隨、務光者。此何以稱焉？太
　　　　史公曰：余登箕山，其上蓋有許由冢云。孔子序列古之仁聖賢
　　　　人，如吳太伯、伯夷之倫詳矣。余以所聞由、光義至高，其文
　　　　辭不少概見，何哉？……其傳曰：伯夷、叔齊，孤竹君之二子
　　　　也。父欲立叔齊，及父卒，叔齊讓伯夷。伯夷曰：「父命也。」
　　　　遂逃去，叔齊亦不肯立而逃之。

　　正史之外，在諸子雜記中，也都有記載禪讓之事者。莊子曾說：天下，大器是也；則大器亦重器也。由此可知，古代聖賢能禪讓帝位，以示天下乃王者之大器。堯讓天下於許由，舜讓於石戶之農，以及夏末之時，有卞隨、務光等，殷湯讓之天下，他們都是不受而逃，事蹟俱見於《莊子·雜篇·讓王》。有關商湯之「讓王」，同樣在《莊子》書中，亦有如下之記載：

　　　　湯將伐桀，因卞隨而謀，卞隨曰：「非吾事也。」湯曰：「孰
　　　　可？」曰：「吾不知也。」湯又因瞀光而謀，瞀光曰：「非吾事
　　　　也。」湯曰：「孰可？」曰：「吾不知也。」湯曰：「伊尹何如？」
　　　　曰：「強力忍垢，吾不知其他也。」湯遂與伊尹謀伐桀。剋之，
　　　　以讓卞隨。卞隨辭曰：「后之伐桀也謀乎我，必以我為賊也；

勝桀而讓我，必以我為貪也。吾生乎亂世，而無道之人再來漫我以其辱行，吾不忍數聞也。」乃自投稠水而死。湯又讓瞀光曰：「知者謀之，武者遂之，仁者居之，古之道也。吾子胡不立乎？」瞀光辭曰：「廢上，非義也；殺民，非仁也；人犯其難，我享其利，非廉也。吾聞之曰：『非其義者，不受其祿；無道之世，不踐其土。』況尊我乎！吾不忍久見也。」乃負石而自沈於盧水。

瞀光，或作務光，卞隨、務光，皆為夏朝末年知名之高潔賢士。成湯，子姓，商始祖契之後，豐下銳上，始居亳。經「鳴條之戰」後，湯代桀而有天下，但其讓王與稱帝之過程，卻顯得有點意外與波折。依據相關古書之記載，湯之征伐自葛始，繼伐昆吾氏，遂伐桀。再與桀戰於鳴條，最後放之南巢。湯召開諸侯大會，退而就諸侯之位，曰：天下非一家之有也，惟有道者可以處之。三讓，諸侯皆推湯，於是即天子位，以水德王，色尚白，都於亳。[3]商湯先有二讓賢士，皆不受，再三讓諸侯，皆推湯，不得已，乃即天子之大位。這正是「商湯三讓」之歷史典故。歷史發展到最後，就是由湯繼承天子大位，並創建商朝，這與堯、舜禪讓天下之謙讓精神，前後似可相互輝映。

因有「鳴條之戰」一戰而勝，再加上「商湯三讓」之厚德表現，因此以商湯之謙德表現，終能在《易經》謙卦中，留下一個經典範例。從堯、舜、禹、湯，到卞隨、務光，他們之間的讓王故事，除已見之史書《史記》及先秦文獻如《尚書》、《莊子》外，其他散見於古籍文獻者，再舉數例於此，以供佐證之參考。例如，《荀子・成相》：「請成相，道聖王，堯舜尚賢身辭讓……舜授禹，以天下，尚得推賢不失序……天乙湯，論舉當，身讓卞隨舉牟光」。再如《呂氏春秋・離俗》：「故如石戶之農、北人無擇、卞隨、務光者，其視天下，若六合

之外，人之所不能察……不慢於利，不牽於勢，而羞居濁世，惟此四士者之節。」以及晉葛洪《抱樸子・博喻》：「不以其道，則富貴不足居；違仁舍義，雖期頤不足吝。是以卞隨負石以投淵，仲由甘心以赴刃。」

四　六十四卦之聯通

在《易經》六十四卦中，謙卦，是被認為能得益而無害之一卦。在《易經》六十四卦之經文中，「君子」兩字，共有二十見之多。其中，謙卦、觀卦各有三處，其數量比率因為較高而顯得意義特殊。事實上，《易經》所用「君子」一辭，與易傳及後世俗稱的「君子」兩字，在意義上稍有不同。《易經》所稱之「君子」，應指君王或諸侯之子，他們都具有貴族之身分與地位，以商周時代之人物而言，像泰伯、仲雍、伯夷、叔齊、箕子、微子、比干等人，皆屬之。後來孔子及儒家所稱之「君子」，專指德高望重之聖賢，他們大多是經後天的修養而獲得的，例如孔子、孟子、曾子等人為是。在謙卦之內容中，作者以「謙謙君子」為因，以「君子有終」為果，用以突顯權貴君子，他們所做出的謙讓，顯得更加尊貴與難得。謙為厚德，這是做人處事之最佳典範。

謙卦之卦、爻辭中，有「不富以其鄰」，觀之泰卦，同樣也有「不富以其鄰」；但是，小畜卦則有「富以其鄰」之辭。事實上，富或不富之表現，都要視鄰居或鄰國之強弱狀態與互動往來而決定。再以關鍵字分析易卦而論，謙卦有鳴謙之「鳴」，它與商湯與夏桀決戰於「鳴條之戰」，最有關聯性。另外，在坤卦中，有「龍戰於野」之爻辭，其中「野」字，似可解讀為商、周兩軍最後一役「牧野之戰」。兩卦之「鳴」、「野」，同樣都有作為地名代稱之意思。另外，六十四卦間，最

具關聯者，要以謙、晉兩卦最為明顯，謹說明如下：

謙、晉

　　謙卦與晉卦，似有藉商、周兩朝興起之成功因素，作為敘述謙讓與進取之哲學義理與因果關係。從歷史文獻中，我們可以發現商湯之伐桀滅夏，是採「以退為進」的謙讓策略，而周武王翦商滅紂，則採「積極進取」之催促手法。對照《易經》謙卦、晉卦之內容，同樣可以從中找到相關的辯證說法。例如，謙卦之初爻、二爻、三爻，三個爻辭分別有謙謙、鳴謙、勞謙，而三爻之結局都稱「吉」。晉卦之初爻、二爻，兩個爻辭分別有晉如摧如、晉如愁如，而二爻辭都以「貞吉」作結。謙、讓能得吉，而晉、摧也能得吉，最後商湯、周武王兩位偉人，也都在中國歷史上締造一個興盛而悠久的王朝。

　　再以湯伐桀滅夏，武王翦商滅紂為例，針對當時引起他們討伐征戰之緣由與對象，同樣也都反映在易卦之爻辭中。例如，謙卦上六爻辭，為「鳴謙，利用行師，征邑國」；晉卦上九爻辭，則為「晉其角，惟用伐邑」。當時能夠「鳴謙」者，應指商湯一人，而「邑國」可指夏國，及與其親近的諸侯國。相對的，當時有能力展示「晉其角」者，應指周武王，而「伐邑」對象，係指武王帶兵攻打殷都朝歌。如前所論述者，謙卦之「鳴」，有一字雙關之義；六二爻鳴謙之「鳴」，是指享有聲名之人，上六爻鳴謙之「鳴」，則另作「鳴條之戰」之解。對照歷史記載，湯征諸侯，葛伯不祀，湯始征之。在《書序》中也有記載：伊尹相湯伐桀，升自陑，遂與桀戰于鳴條之野，作〈湯誓〉。[4]

　　綜合分析《易經》及史書記載，商湯與夏桀在「鳴條之戰」作一對決，商湯在雙方交戰前後，曾身歷「三讓」之感人過程，最後才被諸侯推上天子大位。另一方面，在晉卦中，「晝日三接」之辭，說明武

王他賡續太王、季歷、文王之大業，因有三代賢能祖先之接力式積極
經營，最後才能順利完成滅商建周之使命。由此觀之，商湯以其「三
讓厚德」，對應武王之「晝日三接」，在在顯示作者對於謙、晉兩卦之
卦、爻辭的設計與安排。

五　結論

　　謙讓，是傳統中華文化之一項美德。自古以來，「滿招損、謙受
益」這一句名言，常常被人拿來訓勉做人要懂得謙虛、戒盈。回顧三
千年以前的歷史舞臺，在遠古時代先有禪讓政治，當時帝位傳賢不傳
子，讓聖賢之人繼承天子大位，以示天下為公。解讀《易經》謙卦六
個爻辭，下三爻皆得吉，上三爻皆得利，讓我們見識到，爻辭「鳴
謙、勞謙、撝謙」之可貴。事實上，在史書及古籍文獻中，也記載很
多謙謙君子與高潔賢士，他們都可作為謙卦爻辭之佐證人物，包括：
許由、子州支伯、卞隨、務光，虞舜、夏禹、商湯，及泰伯、仲雍、
伯夷、叔齊等人。其中商湯因有「三讓厚德」，讓他享有最高之福澤，
最後順利開創一個殷商王朝。

　　深入分析「鳴、謙」兩字之意涵，可以順利理解「鳴條之戰」與
「三讓厚德」間的緊密關係。據研究指出，「鳴條之戰」是約西元前一
千六百年，商湯在鳴條與夏軍進行的一場決戰，戰爭導致夏朝滅亡，
商湯建立了商朝。「鳴條之戰」是中國古代通過「伐謀」、「伐交」、
「伐兵」、「用間」，以達到戰爭速勝的最早成功戰例。[5]《易經》難懂，
解讀六十四卦之經文，似可從關鍵字切入，藉此關鍵字，可以幫助我
們理解其意象與貫通經文之內容。以謙卦為例，謙卦之「鳴」，疑有一
字雙關之義；六二爻辭，鳴謙之「鳴」，本指享有聲名之人，而上六爻
辭，鳴謙之「鳴」，可另作「鳴條之戰」之解釋。

注釋

1 讓廉：《讓氏家譜》重修本（臺北市：讓氏頤正堂，1981年）。

2 高亨：《周易古經今注》（臺北市：華聯出版社，1981年），頁57。

3 清・龔士炯撰：《歷代帝王世系圖・商世系略》重編本（臺北市：世界書局，1966年），頁4。

4 陳夢家：《尚書通論》（石家莊市：河北教育出版社，2001年），頁207。

5 維基百科〈鳴條之戰〉：（http://zh.wikipedia.org/wiki/%E9%B3%B4%E6%A2%9D%E4%B9%8B%E6%88%B0），2012/10/2。

第十一講
淺釋易經觀卦

一　前言

　　《春秋左傳》是一部成書很早的先秦古典文獻，其內容以魯國史籍檔案《春秋》作為主要依據，作者左丘明，他更進一步詳細載述當時二百多年（西元前 722-468 年），在諸侯各國之間的重要往來紀事。這是一部相當具有特色的史書，而書中也記載很多古代卜筮，以及與禮儀制度有關的重要事蹟，其中記載很多諸侯各國之間的聘問往來，在在顯示出「賓禮」的頻繁與重要性，這也是很值得我們重視的一項內容。事實上，在《春秋左傳》一書中，以用字次數而言，「觀」字共有八十九見，其中又有數件內容，可提供解讀「觀卦」及「聘禮」的相關事證，或拿來考證歷史背景的說明資料。再者，依據《竹書紀年》之內容，周武王翦商後四年，記載箕子來朝，而次年武王崩。從卦爻辭內容考察觀卦的內涵，它不但與《春秋左傳》之賓禮記事有所關聯，而且與《竹書紀年》之箕子朝周，也存有「以史證易」之特殊意義與效果。

　　以特殊的情境，加上有目的的安排，參觀活動確實可以令人感動並增廣見聞。現代人喜愛觀光旅遊，這是生活中一件很令人賞心悅目的活動。人們也會藉出國觀光考察之機會，去觀賞他國的光榮歷史或古蹟，以做為自己學習改進的典範。以受邀出國開會或組團出訪考察

為例，通常邀請者或出遊到訪之處，都會特意安排一些參觀行程，好讓來賓能夠觀賞到盛事與美景。事實上，透過參觀活動，可以增進觀瞻與學習的機會，可以看到他國最光榮的一面，藉此也可達到賓主盡歡之目的。

在先秦古籍文獻中，從「觀」字、「聘」字之運用實例，我們可以見證到古代「賓禮」之一些內容。解讀觀卦之卦、爻辭，我們也可以從中觀察到，當賓主相見時，雙方的舉止行為與誠懇態度。為了詮釋觀卦之卦、爻辭，本文試以語言文字及歷史文獻之研究方法，對全卦經文進行探討，並依照卦爻辭之解釋、關鍵字辭之解釋、六十四卦之聯通，三個段落順序，分別撰述個人鄙見，並就教於方家。

二　卦、爻辭之解釋

卦辭：觀：盥而不薦，有孚顒若。

譯文：論述觀瞻之卦：受邀參觀宗廟祭祖儀式，看完盥洗與請神傾酒灌地之禮儀後，就不需看後續進行之獻牲獻饗禮；對於觀禮者而言，必須心懷誠敬，且態度要莊重嚴肅。

初六：童觀，小人無咎，君子吝。

譯文：若以孩童之淺見去觀察事物，對底層官員或一般平民來說，還不致於給他們帶來災禍，但對於達官貴族來說，恐怕會遭遇到一些難堪。

六二：闚觀，利女貞。

譯文：若從陰暗處竊觀，就要善用你的智慧與眼光。

六三：觀我生，進退。

譯文：能審省自己的出身地位，在進退揖讓時，才不會有逾越禮節之
　　　　行為。

六四：觀國之光，利用賓于王。

譯文：要觀瞻一國之祖先聖德與歷史光輝，可利用聘問及觀見君王之
　　　　時進行。

九五：觀我生，君子無咎。

譯文：能審省自己的出身地位，對達官貴族才不會有災禍產生。

上九：觀其生，君子無咎。

譯文：能審視對方的身份地位，對達官貴族才不會有災禍產生。

三　關鍵字辭之解釋

觀、賓、光

　　在本卦之卦、爻辭中，要以「觀」、「賓」、「光」三字最為關鍵。
從這三個關鍵字切入，即可幫助我們解讀「觀」卦之內容，並且認識
春秋時期，諸侯聘問或觀見君王之「賓禮」內涵。按，「賓禮」是五種
古禮之一，在周朝，係依春、夏、秋、冬四時舉行。《周禮・春官・
大宗伯》曰：「以賓禮親邦國。春見曰朝，夏見曰宗，秋見曰觀，冬見
曰遇，殷見曰同，時聘曰問，殷覜曰視。」據學者研究指出，《儀禮》
十七篇，其中覲禮、聘禮、公食大夫禮、士相見禮，都有關涉到「賓
禮」。又，「聘」是問的意思，也就是訪問、慰問的意思，而「請觀」

則是不可或缺的聘禮儀節。[1]「光」字之意，遠而自他有耀者也；遠，指時空距離很遠，他指他方，耀指先人之盛德。卦爻中「觀國之光」一語，意指國君邀請使節團「觀國之光」，參觀宗廟宮殿等，以了解該國之光榮歷史及其祖先聖德。從觀卦之卦名起，到全卦之六個爻辭，都各有一個「觀」字。因此，以下特別針對「觀」字，並引用《春秋左傳》書中所載，與「聘禮」有所關聯之史料，稍做詮釋。

「觀」是獨體象物字，在殷墟甲骨文中，象貓頭鷹之形，卜辭以萑為觀。[2]據說，古希臘人很崇拜貓頭鷹，以牠為智慧的象徵。根據相關研究與報導，貓頭鷹屬於夜行性動物，食物以鼠類為主，其他食物還包括：昆蟲、蚯蚓、田蛙、蜥蜴、小鳥和小型哺乳類動物等。貓頭鷹的眼睛可以察覺到極微弱之光，其頸部更可作兩百七十度之旋轉，聽覺也十分靈敏，是夜間的獵食高手。「觀」字多意，字源取貓頭鷹為象，除了象徵人們在觀瞻他人與事務時，最好要具有貓頭鷹般的眼力與聽力。

觀因聘而得，聘則是古代國與國間，行賓禮外交之重要活動。以古釋古，在《春秋左傳》一書中，就有記載一段聘問之故事：

> 昭公二年，春，晉侯使韓宣子來聘，且告為政，而來見禮也，
> 觀書於大史氏，見易象與魯春秋，曰：周禮盡在魯矣。

魯昭公二年，即西元前五四〇年，當時晉國韓宣子因來聘於魯，讓他有機會觀賞到大史氏所掌管的《易象》與《魯春秋》兩部秘籍，並道出「周禮盡在魯」之感言。

另外在《春秋左傳》襄公二十九年，也有一條記載吳公子來聘於魯國之歷史，其文如下：

> 吳公子札來聘，見叔孫穆子，說之……請觀於周樂，使工為之

歌周南、召南，曰：美哉，始基之矣，猶未也，然勤而不怨矣。

為之歌邶、鄘、衛，曰：美哉，淵乎，憂而不困者也。吾聞衛康叔武公之德如是，是其衛風乎？

為之歌王，曰：美哉思而不懼，其周之東乎？

為之歌鄭，曰：美哉，其細已甚，民弗堪也，是其先亡乎？

為之歌齊，曰：美哉，泱泱乎，大風也哉，表東海者，其大公乎，國未可量也。

為之歌豳，曰：美哉，蕩乎，樂而不淫，其周公之東乎？

為之歌秦，曰：此之謂夏聲，夫能夏，則大，大之至乎，其周之舊也。

為之歌魏，曰：美哉，渢渢乎，大而婉，險而易，行以德輔，此則明主也。

為之歌唐，曰：思深哉，其有陶唐氏之遺民乎，不然，何憂之遠也，非令德之後，誰能若是。

為之歌陳，曰：國無主，其能久乎，自鄶以下，無譏焉？

為之歌小雅，曰：美哉，思而不貳，怨而不言，其周德之衰乎，猶有先王之遺民焉？

為之歌大雅，曰：廣哉，熙熙乎，曲而有直體，其文王之德乎？

為之歌頌，曰：至矣哉，直而不倨，曲而不屈，邇而不偪，遠而不攜，遷而不淫，復而不厭，哀而不愁，樂而不荒，用而不匱，廣而不宣，施而不費，取而不貪，處而不底，行而不流，五聲和，八風平，節有度，守有序，盛德之所同也。

見舞象箾南籥者，曰：美哉，猶有憾。

見舞大武者，曰：美哉，周之盛也，其若此乎？

見舞韶濩者，曰：聖人之弘也，而猶有慚德，聖人之難也。

見舞大夏者，曰：美哉，勤而不德，非禹其誰能脩之。

見舞韶箾者，曰：德至矣哉，大矣，如天之無不幬也，如地之
無不載也，雖甚盛德，其蔑以加於此矣，觀止矣，若有他樂，
吾不敢請已。

魯襄公二十九年，即西元前五四四年。上文之關鍵字辭，包括有「來
聘」、「請觀」、「見舞」、「觀止」等語。其中，「請觀」於〈周樂〉，
列有十三則，「見舞」也有五則，這些豐富的節目內容，都突顯在歷朝
先王治理下之聖德。在宗廟舉行祭祀祖先之禮，當儀式進行時，還要
奏《詩經》樂章及演八佾舞蹈。不管是用眼睛看，或用耳朵聽，賓客
在觀賞舞樂之餘，都會對上國之盛德大加讚賞。甚至，聘問者因觀賞
到雅聲〈周樂〉，體會其蘊含的最高境界，因此心中受到感動而發出
「觀止」之言，再而說出不用欣賞「他樂」之語，這與卦辭「盥而不
薦」之意涵，確實具有同工之妙。

盥而不薦，有孚顒若

解讀觀卦，我們就先從卦辭看起，對於卦辭「觀：盥而不薦，有
孚顒若。」朱駿聲就有比較詳細的解釋，他認為：

觀，諦視也。常事曰視，非常曰觀。盥、祼、瓘、灌，古通
字。祭之初，迎尸入廟，天子洗手而後酌鬯，洗謂之盥。酌鬯
獻尸，尸得之灌地而祭，謂之祼。所以降神，一事而三節，肆
者，實以彝而陳之。祼者將以瓚而行之，獻者奉以爵而進之。
大宗伯所謂肆獻，祼也。此是祭祀感時，及降神，三獻而薦
腥，五獻而薦熟，謂之薦，其禮簡略，不足觀也。國之大事，
在祀與戎，王道可觀，在於祭祀；祭之感，莫過於初盥。故，

孔子，既灌而往，不欲觀。[3]

按，在上段引文中，「諦」，詳細觀看之意。「尸」，是由親人扮成祖先以供受拜。「肆」，古音「他歷反」，其意思為解骨體，也就是把祭品犧牲之體切開。「瓚」，玉做的祭器。「盥、祼、瓘、灌，古通字」，表示這個四字，不但音同，而且意也同，古代是可以通假使用的。

「盥」字之意，是指主祭者洗手之動作；「薦」字，則是指奉酒食以祭，包括晉獻牲儀、饋食、果品、金帛等過程。貴賓受邀參觀宗廟祭祖儀式，而主祭者在盥洗之後，接著就是進行隆重的祭祖儀式。先有傾酒灌地之請神禮儀，之後，陸續進行獻牲獻饗等薦禮。因薦禮之儀式，其禮簡略，過程卻也冗長，故受邀觀禮者，就可捨棄而不看了，這正是「盥而不薦」所要表達的意思，它與上文所引述的「孔子，既灌而往，不欲觀」，兩者之意涵，堪稱吻合。《禮記・曲禮》曰：「毋不敬，儼若思，安定辭，安民哉！」毋不敬，就是要心存誠敬，且自卑而尊人。禮，不妄說人，不辭費。禮，不逾節，不侵侮，不好狎。因此觀禮者，必須表現出恭敬、誠信、莊重、嚴肅之態度，這就是卦辭「有孚顒若」所要表達的精神。

進退

六三爻辭：「觀我生，進退。」進退，知所進退之意，表示為人要知道退讓以明禮制，這就是《禮記・曲禮》所記載的：「君子恭敬撙節，退讓以明禮」。依據古禮記載，主人迎賓入門，有經過三揖三讓之程序，然後才升階入座，以表示互相謙讓，互相尊敬之君子美德。古代人的交往，當賓主相見行禮時，當他們在進退俯仰之間，雙方都要懂得「敬」與「讓」之禮儀。於《春秋左傳》定公十五年，就有一條

記載，其文曰：

> 十五年，春，邾隱公來朝，子貢觀焉。邾子執玉高，其容仰，
> 公受玉卑，其容俯。子貢曰：「以禮觀之，二君者，皆有死亡
> 焉。夫禮，死、生、存、亡之體也；將左右、周旋、進退、
> 俯仰，於是乎取之；朝、祀、喪、戎，於是乎觀之。今正月
> 相朝，而皆不度，心已亡矣。嘉事不體，何以能久，高仰，驕
> 也；卑俯，替也。驕近亂，替近疾，君為主，其先亡乎。」

魯定公十五年，即西元前四九五年。從文中所述「朝」、「觀」、
「禮」、「進退」諸字辭，即可理解「觀禮」與「進退」之內涵；其中，
針對古代朝貢上國之當事人，還作出很嚴肅的評語，頗值得後人之玩
味與深思。

觀我生、觀其生

　　古代「生」字，也有一字多義之現象。考其音、義，《唐韻》曰：
所庚切。《集韻》、《韻會》、《正韻》皆注：師庚切，音甥。《說文》：
進也；《註》：起也。《玉篇》：產也，又出也；《註》：生，猶動出也。
《字彙》：俗謂，雞生卵。又《集韻》、《韻會》：音眚，育也。另據古文
字學家高亨（1900-1986）之解釋：生，古語稱百官為生，亦稱庶民為
生。[4]綜合以上各種字書或學者之注釋，「生」字，可解讀為：生活、
有生命的；出發、起動；出生、出身；百官、庶民，等多種意思。至
於本卦之卦爻辭，在考量觀者的角色與其境遇等前題下，「觀我生、觀
其生」的「生」字之本意，應以人的出身或地位為佳。事實上，以九
五爻：「觀我生，君子無咎」，對應上六爻：「觀其生，君子無咎」，似
乎都在表明古人處於階級社會，因此他們必須恪遵「尊卑有序」之禮

制。這裡也有在暗示人們，當面臨各種不同競爭或新的環境時，都要能觀而自省、知彼知己，並以識時務者為俊傑之意涵。

四　六十四卦之聯通

觀卦似以古代之聘禮儀節，作為論述義理之基礎，而且在卦爻辭中，不但具有微言大義之筆法，同時還隱含明禮說教之內容。在《易經》六十四卦中，常有以卦論禮之設計，但同時也有以卦證史之事實。事實上，以觀卦之歷史背景，似與殷末周初之政治環境有關，因為在改朝換代後，身分都在一夕之間大作改變。當周武王取得帝位之後，他如何利用舊朝才智之士，以作各種經驗之傳承，在此關鍵時刻，其政治智慧之施展，及留人手段之運用，就顯得相當重要。相對的，殷商之貴族遺民，此時他們如何調適身分，如何與新君保持良性互動，也是影響個人成敗之因素。有關情況與例證，可從爻辭用字中，找到一些線索資料。茲以臨卦與觀卦，觀卦與蒙卦，觀卦與未濟卦為例，簡述其關聯性如下：

臨、觀

依卦畫觀之，臨卦，下卦兌、上卦坤；觀卦，下卦坤、上卦巽。兩卦成一綜卦觀係，在字形上，同以鳥類進食為象；但在字義上，則有上下對比之對應關係。若依字形來源觀之，臨卦之金文字形，仿如一隻母鳥正在餵食三隻小鳥；觀卦之甲骨文字形，則像貓頭鷹正在觀望獵物；兩卦各以鳥類之餵食或覓食為象。若依字義觀之，臨卦有以上臨下，以尊適卑之意；觀卦有以下觀上，以卑朝尊之意。若從卦爻辭視之，兩卦似有以「光」為喻。事實上，「光」是來自遙遠的地方，

「光」是偉大、無私、永恆的。臨卦如「光」照大地,比喻人君微服出巡,親訪庶民百姓之疾苦;觀卦如「光」輝炫耀,比喻諸侯朝貢君主,並觀瞻列祖列宗之聖德。簡而論之,聖人借「光」為比喻,以其地位至尊無上,象徵「光」如天上的太陽,人間的君王,太陽與君王都是駕馭大地人間的主宰者。臨、觀兩字,如各冠以「光」字,即成俗稱的「光臨」與「觀光」二詞。「光臨」是大駕光臨,指以上臨下;「觀光」是觀國之光,指以下觀上,從此可以看出,兩卦有施的恩澤,與看的榮幸之意涵。

童觀、童蒙

在觀卦初六爻中,有「童觀」之語,在蒙卦之卦辭及六五爻中,則有「童蒙」之辭。這兩卦皆以孩童作為比喻,代表一個人還處於比較幼稚之階段,他還停留於學習或觀摩之開端,因此可能存有無知與淺見之弊,這是一種訓示與警告,同時還略帶有諷刺之意味。童觀,是指以幼童之淺見去觀察事物,也可能是指卑下之人向尊貴者觀瞻。童蒙,是指無知孩童去接受啟蒙教育,並以學生身分求教於老師,避開身分之高低,並以悉心受教為要。對一般殷朝之遺民來說,當他面對周朝新王時,只有必恭必敬之態度,但對一位比較特殊的貴族來說,雖然名器已易,但他的智慧才能尚在,因此他可以不亢不卑,甚至有可能享受上賓之禮遇。

觀國之光、君子之光

觀卦六四爻中,有「觀國之光」之語,對照未濟卦六五爻,則有「君子之光」之辭;「光」是二者共用之字。古人注釋「光」字,稱它

為「遠而自他有耀者也」；[5] 由此我們可以理解「光」之源頭，應該是來自很遙遠的一方，例如太陽之光。科學家以「光年」作為宇宙星球距離之計算單位，「光年」代表一個天文數目，因此含有非常遙遠之意思。現在有人另創「臺灣之光」一語，我們知道這是一句頗為尊崇的讚譽詞，專門用在臺灣人到國外參加比賽，並且已經獲得佳績之英雄人物，例如李安、王建民、曾雅妮等人就是。如果以光來稱讚人，就是針對積有聖德之列祖列宗，或在外地有傑出表現之偉大人物。觀卦以「觀國之光」，表示聘問或朝觀之國君使節，他能觀賞到他國之光榮事蹟，或聽聞其祖先之聖德。相對而言，未濟卦以「君子之光」表示在遙遠之地方，尚有未竟大業，因此有待一位高貴而有智慧之人士，繼續努力去創造與完成。「觀國之光」是觀瞻，「君子之光」是期勉，這兩則一前一後，分別用於不同之卦中，或許與《竹書紀年》記錄「箕子朝周」，及《史記》所載「箕子朝鮮」之史事，具有非常密切之關聯。

五　結論

　　解讀《易經》觀卦，我們可以從儒家經典文獻中獲得佐證資料，包括《儀禮》、《周禮》、《禮記》、《春秋左傳》等書，都記載很多與「賓禮」有關之文獻，其中先秦古典文獻《春秋左傳》一書，更有多件諸侯「聘禮」事例，以及「請觀」之儀節與內容。以古釋古，對於詮釋《易經》之觀卦而言，古籍《春秋左傳》確實提供一個頗有價值的資料來源。再者，以史證易，從「觀」卦之內涵，更可直接或間接印證，前人對於「六經皆史，六經亦禮」之論述，相當合理。

　　「二〇一二年倫敦奧林匹克運動會」已在英國倫敦舉行，當我們看到當地時間七月二十七日晚上，全球電視轉播最隆重的開幕典禮時，

我們也看到主辦國特意安排、最具代表性的表演節目，那就是炫耀大英帝國悠久歷史與光榮成就的畫面。表演節目結合傳統與現代，其內容包括產業革命（Industrial Revolution）、莎士比亞（Shakespeare），及披頭四音樂（Beatles）、哈利波特小說（Harry Potter），等等。對照中國古代，在《春秋左傳》書中所記載的故事，大家同樣都以一國最光輝的歷史，最令人感動的聖德，呈現給來自他國的貴賓；希望藉此打動他人之內心，並讓賓客留下最難忘的回憶。這就是觀卦爻辭中，「觀國之光」一語，所要闡述的意涵。

注釋

1 楊志剛：《中國禮儀制度研究》（上海市：華東師範大學，2001年），頁388-391。

2 馬如森：《殷墟甲骨文引論》（長春市：東北師範大學，1993年），頁511。

3 朱駿聲：《六十四卦經解》（臺北縣：頂淵文化，2006年），頁88。

4 高亨：《周易大傳今注》（北京市：清華大學，2010年），頁162。

5 《春秋左傳・莊公二十二年》。

第十二講
淺釋易經晉卦

一　前言

　　自古以來，「晉爵、加祿」，是官員百姓最期待的二件大事。在封建舊社會時代，晉升官階或稱霸成王，是很多人夢寐以求及終生奮鬥打拚的目標。在《易經》六十四卦中，晉卦即含有「晉爵」之意象，這也反映在一個動盪不安的大環境底下，人們所面對的命運興衰，及朝代存亡交替的現實寫照。晉卦是一個吉兆卦，但對於晉卦中之「康侯」一辭，歷來卻存有不同的解讀。特別是，有不少近代的文史大學者，例如顧頡剛、屈萬里、高亨等人，都把「康侯」兩字看成是周初受封於衛的康叔。事實上，他們與前賢的傳統解讀，卻大異其趣。因敘述對象或人物之認知不能一致，可能就會影響對《易經》作者與著作年代的考證與判斷，因此對於晉卦之卦、爻辭的解釋，佐以史料進行考證，確實有其必要性。本文試以語言文字及歷史文獻之研究方法，探索晉卦經文之意象，並依照卦爻辭之解釋、關鍵字辭之解釋、六十四卦之聯通，三個段落順序，分別撰述個人鄙見，並就教於方家。

二　卦、爻辭之解釋

卦辭：晉：康侯，用錫馬蕃庶，晝日三接。

譯文：有機會晉爵稱王者，應來自於康安、尊榮之諸侯，因他們能利用帝王恩賜的馬匹，進行繁殖以培蓄戰力。祖先傳宗接代、奮鬥不懈，歷經三代人之努力經營，家運能夠保持如日中天般的興旺，如此晉爵美夢終能成真。

初六：晉如摧如，貞吉。罔孚、裕，無咎。

譯文：要進要攻、能守分寸，內心要能夠掌控自如，這才是得吉的智慧。在缺乏他人信任情況下，初期策略可以放寬一些，這樣才不會有所差錯。

九二：晉如愁如，貞吉。受茲介福，于其王母。

譯文：晉取之行動要多加思慮，內心也要先做最壞打算，這才是得吉的智慧。今日子孫之福澤，正是得自於先世母儀之恩賜與庇佑。

九三：眾允，悔亡。

譯文：內心雖很想晉取，但仍須獲得多數人的信任與擁戴，這樣才不致於造成遺憾與後悔。

六四：晉如鼫鼠，貞厲。

譯文：晉取之動作，有如田野中的鼫鼠，牠總是伺機偷吃農作物，而偷吃之舉動總是畏畏縮縮的。鼫鼠獵食行動雖存有風險性，但為了飽食一頓，出來偷吃算是明智而值得去做的。

九五：悔亡，失得勿恤。往吉，無不利。

譯文：不會後悔的，康侯在做決策時，他不會被得失心困擾。勇往直前將會得吉，不會有不利之結果的。

上九：晉其角，維用伐邑，厲吉，無咎，貞吝。

譯文：晉取時機成熟而搶先自立為王，並以此作為討伐他國都城之藉
　　　口，這項討伐舉動雖是險峻，但最後卻是得吉；雖小施腦筋智
　　　慧，但因出師無名而恐有遭受他人恥笑之虞。

三　關鍵字辭之解釋

康侯，用錫馬蕃庶，晝日三接

　　以「康侯用錫馬蕃庶晝日三接」之文句，作為「晉」卦之卦辭，
似乎在訴說一個新的王朝的興起，並敘述一個公侯如何晉位之背景、
條件與歷程。在卦辭全文中，「康侯」兩字，表達新王朝尚未興起之
先，原本就是一個擁有尊榮地位的「諸侯」；他具有舉足輕重之地位，
儼然扮演一個「安邦定國」的重要角色。「錫馬蕃庶」四字，更表達新
王朝之祖先，曾經得到天子所恩賜的馬匹，然後他又懂得善用這些帝
王所賜馬種，作大量繁殖以厚植國力，他不但為王所倚重，更是奉王
命東征西討。而「晝日三接」四字，隱約說明興家、立國之艱難，如
果沒有子孫三代的努力不懈，一代接一代的持續經營，那有可能登上
人生最高峰，甚至創建一個嶄新的王朝。

　　審「晉」卦全文之取象，似與商朝、周朝之歷史淵源有所關聯。
在武王翦商之前，周朝之先公，從古公亶父、季歷到西伯，共有三個
世代。根據《史記》與《竹書紀年》等相關史料記載，商王武乙三
年，命「周公亶父、賜以岐邑」。周公亶父就是周太王，可知他被商
王封為諸侯，亶父薨而季歷襲位；武乙三十四年，王賜季歷「地三十
里、玉十穀、馬十匹」；從此周族慢慢強盛起來，更是代王出征而屢
建奇功。到了商朝末年，因商紂無道，而諸侯朝周。商朝帝辛三十一

年，周侯西伯治兵於畢，得呂尚以為師。西伯就是姬昌，死後其子姬發襲封，最後得呂尚輔佐而翦商立周，姬昌追封為周文王。

周族從亶父開始，其爵位是屬於商朝「諸侯」國之一，故有「周侯」之稱，其族長世襲而享有「周公」之尊榮。因此，「康侯」應指日趨強盛的「周公」；「錫馬蕃庶」，係指商王賜季歷「馬十匹」之繁殖馬匹故事；而「晝日三接」，係指周族經「亶父、季歷、西伯」三個世代之奮鬥歷程。卦辭中的「康侯」、「錫馬蕃庶」、「晝日三接」，印證史實，不但前後互相串接，而卦辭文字內容，也頗能吻合晉卦之意象。

自古以來，解易學者都以享有康安尊榮之諸侯，作為「康侯」之本意。例如宋程頤《易程傳》云：「晉，為進盛之時，大名在上，而下體順附，諸侯承王之象也，故為康侯。康侯者，治安之侯也。」又如宋朱熹《易本義》云：「晉，進也；康侯，安國之侯也。」較早時期，解易諸家，皆不以「康侯」為人名，因此未明指「康侯」是何許人也。但是近世以來，不少解易大家，卻引用周朝歷史故事，把人物對號入座，遂以周初受封於衛的康叔，認他為「康侯」是也。例如，顧頡剛〈周易卦爻辭中的故事〉一文，指稱：「康侯，即衛康叔：因為他封於康，故曰康侯。」[1]又如，屈萬里〈周易卦爻辭成於周武王時考〉一文，他依出土康侯諸器，而證稱：「康叔歿於衛後而殉葬者。出於衛而猶曰康侯，知其器必康叔在康時所作，而攜以入衛者。然則，此不但可證實康叔由康徙衛之史實，且可以證知此康侯非康叔莫屬也。」[2]再如，高亨在《周易大傳今注》一書中，亦云：「晉、卦名，康侯，周武王之弟，名封，初封於康，故稱康侯或康叔。」[3]事實上，這三位知名文史學者，其解釋頗難令人信服，因為對於「用錫馬蕃庶晝日三接」之卦辭，他們並未做出很明確而合乎邏輯的解釋或考證。何況，若以周初封於衛地的康叔，就是晉卦辭中之「康侯」，則《周易》之成書年代，恐將延後數十年了。

受茲介福，于其王母

本卦九二爻：「受茲介福，于其王母」，「王母」應指祖母或歷代母系祖先。周族之興起，從亶父、季歷到西伯，他們祖孫三代都有一個賢內助，包括太姜、太任、太姒三位偉大的母親。[4]從卦辭可以推論而知，「王母」應指太姜、太任兩人，太姜是文王的祖母，太任是武王的祖母。有祖母們的賢慧，才得以福報子孫，其母儀風範，也因此而名留青史。賢內助們生前相夫教子，死後庇蔭子孫，使得周族最終能夠晉階為王。姬氏王朝稱霸天下，周朝在中國歷史上享國最久，王母之福澤，可謂大矣。

晉如鼫鼠

鼫鼠是碩鼠的意思，但也有人解釋為螻蛄或梧鼠。田野中的鼫鼠，因偷吃農作物而被認為是有害動物，其偷吃之行動，也總是畏畏縮縮的。《詩經・碩鼠》曰：「碩鼠碩鼠，無食我黍」，依前人之解釋：「碩鼠，刺重斂也。國人刺其君重斂，蠶食於民，不脩其政，貪而畏人，若大鼠也。」[5]對於晉卦中「鼫鼠」之意象，作者似有對牠鄙視之意，歷來也出現多種不同的解讀與評價。例如，明朝李時珍《本草綱目・獸三・鼫鼠》載記：「鼫鼠處處有之，居土穴、樹孔中……好食粟、豆，與鼢鼠俱為田害。」再如清朝王士禎《戴氏鼎・為楓仲作》詩云：「凹中尾蠻似天馬，尻鼫鼠拱且馴。」也有人把鼫鼠比喻成狡猾的壞人，例如明朝唐順之《王御史毅齋誄》文曰：「嗚呼！孽狐鼫鼠，何世蔑有！」晉卦九四爻以鼫鼠為物象，表明來者不善，這也是針對那些心存貪婪及倖進者，作出輕蔑或鄙視之意。

晉其角，維用伐邑

本卦上九爻：「晉其角，維用伐邑」，應指周族國勢過於強盛，因此正當商朝國運衰退之時，周族反而展露其頭角，甚至乘機自立為王，以作為向諸侯宣告代天行道，及出師討伐商朝都城的藉口。周族原在中原西南隅的渭河流域一帶活動，從古公亶父起，經季歷到西伯，其勢力開始出頭，到了武王時候，再得到眾多諸侯的信賴擁護，因此大會諸侯而決定出兵伐商。歷史記載兩軍決戰於牧野，周軍大勝，武王乘勝率師攻進商邑朝歌，最後得以翦商滅紂。不過，在封建舊時代，諸侯伐王總會有爭議的，這種以下犯上、以卑逆尊，大肆起兵叛王之舉動，雖能為民除掉暴君，卻也要背上一個以「臣弒君」之歷史罪名的。[6]

四　六十四卦之聯通

晉、明夷

《易經》六十四卦，從卦序可以看出，兩卦之間往往存有「不覆即變」之對應關係，另外在卦象及卦、爻辭之間，又與它卦存有旁通之聯繫。從卦象言之，與晉卦互有聯通者，為明夷卦。晉卦與明夷卦之上下卦倒置，屬於覆卦關係；晉卦描述周族如何興起，而明夷卦則敘述殷朝大臣如何遭遇不幸。事實上，明夷卦是指殷紂無道，因此皇家親信、左右心腹紛紛遭殃，忠臣一個個遇難，逃的逃、死的死，也有人裝瘋以求倖免於難，最後朝代也滅亡了。明夷卦講的是，商朝的走向滅亡，及朝廷棟樑無辜慘遭陷害；晉卦講的是，周朝的強盛竄起，

因為他們有能幹賢慧祖先的福澤與庇佑。

　　宇宙中，太陽系與我們的關係最為密切，地球、月亮都是太陽系的成員，而恆星太陽，正是太陽系所有星球之光與熱的來源。月亮因陽光照射而產生光明，但月亮卻因地球之遮擋而不見光明。按易經「明夷」兩字，「明」代表月亮有日光，「夷」代表月亮日光沒了。「明夷」卦初爻，有：「君子于行，三日不食」之辭，比喻貴族大官紛紛離暴君而去，逃命行動相當火急，為了儘快找到一個避難地方，就是挨餓三天，也要硬撐下去。曾經發光發熱的商朝，因紂王之無道，朝臣之罹難或逃離，導致政治舞臺的變色。事態發展到最後，大環境終於出現轉機；新的曙光也逐漸顯露出來。因此，明夷卦上六爻，有：「不明晦，初登於天，後入于地」之辭，這是以新月取象，代表新的王朝已經誕生。

　　月亮繞地球運轉，陰曆一個月當中，會有三天見不到月光。[7] 明夷卦上六爻之辭，形容陰曆初三的傍晚時分，當夕陽西下時，新月總會出現在天空的西南方，只是它停留的時間，相當的短暫。有一句臺灣俗話：「憨慢媳婦，看不到初三的月晦啊」，這是婆婆取笑動作慢吞吞的媳婦，等家事忙完，月亮也早已西沉，因此她也無緣看到新月之美。「晦」，臺灣話發音「BAI₅」，「月晦」，專指形狀如柳眉般的新月。

　　《易經》作者藉天空月亮之明、夷變化，比喻政治舞臺上的改朝換代。明夷卦「三日不食」之辭，與晉卦「晝日三接」之辭，形成強烈對比，它代表商去周來、朝代更替的不同因果與命運。另外，「不明晦」與「晉其角」之辭，也含有信心疑慮及人物貶抑之意涵。以明夷卦「不明晦」，表示周朝政權雖已建立，但武王在位僅五年就過世了，新王朝政局能否穩定，尚處於未定之天。[8] 再以晉卦「晉其角」，表示對武王姬發先稱王後翦商之微詞，隱約對他帶有貶抑之意思。

晉、升

晉卦和升卦具有旁通關係；兩卦之意象，都是針對周族人物，兩卦之卦名，都與姬氏人物事蹟的成就與表彰有關。但是，兩卦名稱雖很相近，而內容事實卻稍有差別，「晉」是指周族爵位的晉級與地位改變，「升」則對祖先偉人的祭祀與封諡。升卦上六爻：「冥升，利于不息之貞」，這句爻辭應指西伯過世後，姬發晉封他為周文王，讓他得以永久享受「百世不遷」之祭禮。按周武王即帝位以後，隨即對上代祖先封予帝王諡號，對於開創周朝帝業有功的亶父、季歷、西伯三人，分別追封為太王、王季、文王。[9]按照當時宗廟之祭祀禮制，以文王、武王受命而王，其廟可以世世不毀。

三接、三人、三褫

《周易》六十四卦中，以數目字「三」表示之處頗多，例如三日、三歲、三年、三百、三人、三品、三接、三就、三驅、三狐、三褫。用「三」記述歷史事件，文字上看似抽象，史事卻頗為具體，晉卦「晝日三接」，需卦「不速之客三人來」，及訟卦「終朝三褫之」，頗具有同工之妙。晉卦「晝日三接」之辭，「三接」就是指周族累積三代人傳宗接代之功業。需卦上六爻「不速之客三人來」之辭，「三人來」應可解讀為周初的「三監」歷史事件。[10]殷商封建時代，王位繼承採父承子繼方式為原則，一當紂王崩逝，按理其王位應由嫡長子繼承；訟卦，就是指祿父期待繼承王位之心態。依史料記載，武王滅商，立受子祿父，是為武庚。[11]祿父本想能順利繼承天子帝位，想不到卻是周武王派來的管叔、蔡叔、霍叔三人，以監視這位殷主。「三」字也用在訟

卦，訟卦上九爻「或錫之鞶帶，終朝三褫之」之辭，「三褫之」應可解讀為祿父之身分變、變、變，他在一日內竟然地位三變。時逢改朝換代，作者以更換朝服作為關鍵物象，象徵祿父不同身分之朝服，一換再換；他本想能由太子繼位天子，不料卻變成廢王。紂王之子祿父，他由太子、天子、到廢王，官位不升反降，就像在一夕間，他被強迫三換官服，真是時勢比人強也。

五　結論

清儒章學誠（1738-1801）論史料來源，他提出「六經皆史」之創見，認為學者應擴大史料範圍。他說古人未嘗離事而言理，先王之政典及三代之史事，皆可從六經內容中，找到一些珍貴的史料線索。[12]六經是先秦最主要的著作，包括《易》、《書》、《詩》、《禮》、《樂》、《春秋》。《易經》曾被儒家歸為群經之首，從《易經》之晉卦，及明夷、升、需、訟諸卦中，我們可以發現與商、周兩朝歷史，有著密切關係的佐證資料。

在三千年前的中國政治舞臺上，能夠同時符合「康侯」、「錫馬蕃庶」、「晝日三接」三項優越條件與時代情境者，恐怕非周族莫屬了。《易經》作者以周族興起之故事作為人物背景，拿朝代歷史作為晉卦之意象，因此使卦辭敘述看似抽象，但佐證史料卻很具體，其寫作技巧與敘述效果，實在令人讚佩不已。依據史料記載，周族從亶父、季歷到姬昌，傳宗接代剛好是三個世代。姬氏家族之香火傳遞，到姬發接手掌權時，周族情勢與實力終於可以超越朝廷，最後翦商除紂，並締造一個新的王朝。周族之身份地位，因此也從「周公」晉為「周王」，在中國歷史長河中，周朝享國長達八百餘年，並尊稱姬發為武王。

晉卦以周族歷史作為物象，但《易經》作者也利用卦爻辭，對姬

氏周族之興起做出褒貶。晉卦全文中，以「用錫馬蕃庶，晝日三接」，比喻周族有勤奮不懈之先公；以「受茲介福，于其王母」，讚美周族有賢能慈慧之婦人。另一方面，藉「晉如鼫鼠」，比喻周族有竊國之慾望；以「晉其角，維用伐邑」，諷刺武王伐紂有弒君之事實。總而言之，《易經》六十四卦的辯證哲學，往往反映在歷史故事及現實環境中。傳宗接代，是傳統孝道文化的基石，晝日三接，正是興家望族的保證。反過來講，富不過三代，又是一句千古不易的警世良言。先賢鼓勵人們要奮鬥不懈，若要家旺、國強，就必須先有三代人的奉獻犧牲與接力傳承。其道理就好比農夫耕田種稻，當他們在倒行插秧時，必須以前面三欉為基準，隨時查看每行插好的三欉秧苗，是否都能保持筆直不彎，如此下來，稻田行列才能整齊好看，也不致於變得歪歪斜斜而鬧笑話。

注釋

1　黃沛榮編：《易學論著選集》（臺北市：長安出版社，1985 年），頁 182。

2　黃沛榮編：《易學論著選集》，頁 152。

3　高亨：《周易大傳今注》（北京市：清華大學出版社，2010 年），頁 237。

4　《史記‧周本紀》稱太姜、太任為賢婦人。太任生文王，再傳武王而建立周朝，享國八百餘年。

5　《毛詩序》。

6　《史記‧伯夷列傳》。

7　陰曆每月二十九、一、二，三日，天空無月光；新月之光，初見於初三之傍晚。

8　《尚書‧序》云：「武王崩，三監及淮夷叛。」；另，《史記‧魯周公世家》亦有相同記載。

9　《禮記‧大傳》。

10　依史料記載，武王滅商，封武庚祿父於商都，以續殷祀。同時，武王又封管叔、蔡叔、霍叔於王畿外圍，以監管武庚祿父及殷朝遺民。

11　沈約註：《竹書紀年》卷下。

12　章學誠：《文史通義》。

第十三講
淺釋易經姤卦

一　前言

　　先儒稱六經皆史，史有微言大義之效。《易經》為六經之首，從每卦之題名及卦爻辭中，亦可看出易卦頗具歷史微義之筆法。以姤卦之卦爻辭為例，似乎可看到商朝先公王亥，及杞國星象相關之故事。人的一生際遇，總有不期而遇之狀況發生，也有人因太過於自信，執意去見不該見的人，這是非禮之正，終而遘禍殺身，這就是姤卦所要闡述的哲理。另一方面，《周易》傳世已經三千年，在通行本易經中，其文字內容恐有部分訛誤。事實上，《易經》卦爻辭頗為精簡，如因文字上發生差錯，即會對經文造成很大的誤解。一百多年來，從出土文物考證而得的甲骨文、金文，正可幫助我們解讀《易經》。以姤卦為例，我們可以拿甲骨文及金文中的「遘、秜」兩字，以作為經文中「姤、梔」兩字的校勘依據。

　　《易經》看來好像是一部上古遺留下來的筮書，但文辭中所隱含之智慧與哲理，卻都是經過聖人的精心策畫，並以簡要語言表現出來。《易經》確實深奧難懂，但如果能針對文字詳加辨識，加上考證文中所引用的典故史料，研究者終會有驚奇之發現與收穫。舉例言之，警世寓言「杞人憂天」，並不是列子的創見；而臺灣俗話「種匏仔生菜瓜」，卻是說話內容具有本源，這些都可以從《易經》姤卦中得到印

證。本文試從語言文字、卜辭及天文等相關文獻資料中，探索姤卦經文之物象與意象，並依照卦爻辭之解釋、關鍵字辭之解釋、六十四卦之聯通，三個段落順序，分別撰述個人鄙見，並就教於方家。

二 卦、爻辭之解釋

卦辭：姤：女壯，勿用取女。
譯文：遘：你很勇壯，但你的粗魯行為不可取。

初六：繫于金柅，貞吉。有攸往，見凶，羸豕，孚蹢躅。
譯文：用心照顧好金黃色的稻穗穀物，這是聰明而吉利的做法。如果再往前行，恐會出現凶象，看那些疲憊的豬隻，都已露出浮躁不安，並且徬徨地來回走動樣子。

九二：包有魚，無咎，不利賓。
譯文：身懷魚形玉珮的富人，雖然沒有什麼錯，卻不適宜到遠方去當賓客。

九三：臀無膚，其行次且，厲，無大咎。
譯文：舞動著臀部，他的動作步伐也怪怪的，看來頗有誘惑與危險，但提高警覺就無大礙了。

九四：包無魚，起凶。
譯文：身上沒有了魚形玉珮，已引起凶事臨頭了。

九五：以杞包瓜，含章，有隕自天。

譯文：當匏瓜星出現在杞國上空時，剛好被客星遮住它的明光，不巧
　　　又看到有流星劃過天際。遇到這種不尋常之天象時，人心總會
　　　造成惶恐不安。

上九：姤其角，吝，無咎。
譯文：相遇而以角互相頂撞，雖讓雙方臉色無光，但幸好沒有礙事。

三　關鍵字辭之解釋

姤、杞

　　《易經》古文難懂，難在文中所引用的史事典故，也難在卦爻辭之
一字多義，或一語雙關之應用。其中在假借引用，及傳鈔訛寫方面，
也是造成後人多方揣測之空間，同時也造成歷代學者的聚訟不斷。以
本卦之字辭為例，包括：姤、女、杞、賓、包、魚、杞等字，都是影
響正確解讀本卦內容的關鍵所在。

　　本卦之卦名，通行本《易經》作「姤」。對於本卦之命名，自古即
有不同之說法，一說古易卦名作「遘」，王弼始改為「姤」，後儒皆遵
王本。[1]另帛書本作「狗」，其卦序為鍵宮第八卦。[2]姤、遘、狗，聲韻
頗為近似。遘，《說文》：遇也；《爾雅・釋詁》：見也；《註》：行而相
值也。遘字延伸之義，包括有：遘愍，遭遇憂患；遘禍，造成災禍；
遘難，造成災難。歸而納之，《易經》以「遘」命名，至少要表達兩
種意義：一為不期遇而遇，故而「遘愍」；一為不該會而會，故而「遘
禍」。以不期而遇為例，它是一種進行式的突發現象；這種情況可以含
括：遇到小人、遇到怪事、遇到奇物、遇到天文異象……等各種不同
狀況。至於不該會而會，是遘禍之因，會帶來自取其辱之後果。因此

我們做人處事，必須謹慎行事，並力求自制以避免禍端。總之，我們應當不貪不求，態度要客氣低調，這才是防身保命的不二法則，也是本卦所要敘述的人生態度與生活哲理。

「遘」字讀音，《唐韻》：「古候切」；《集韻》、《正韻》：「居候切」。臺灣話讀音「求固切」（GOU₃），與固、顧、雇、媾、姤、故等字，聲韻皆相同。[3]按，在已知的甲骨文、金文字彙中，都有「遘」字，卻無「姤」字。於此稍可證明，「遘」字要比「姤」字古老，因此本卦之卦名，與上九爻辭之「姤」字，似應改依「遘」字解釋為妥。「姤」，在《廣韻》讀音為「古候切」，若以臺灣話發音，則近似「到」（KAU₃）。

本卦初六爻中，有「繫于金柅」一辭，其中「金柅」兩字，過去出現兩種絕然不同之解讀，一指制轍器、一指絡絲器。前賢對於文中「金」字，都指它與剛硬的金屬材質有關，而對於「柅」字的解釋，就有比較大的分岐。事實上，在已知的甲骨文、金文字彙中，都有「秜」字，卻無「柅」字，這種現象，與本卦之「姤」字一例，頗為相同類似。準此，對於本卦之「金柅」兩字，似有再加深入探討之空間。按，典藏於臺北故宮博物院、舉世聞名的出土文物「毛公鼎」，在約五百字銘文中，亦出現「金秜」兩字。[4]、[5]以此推論，西周之前，「金秜」之物確已存在，而且是一種較為珍貴的物品，因此天子拿它來賜給諸侯，以供他們作為祭祀供品之需。依據《說文》解釋：稻今年落，來年自生，謂之秜。換句話說，這種稻子比較特別，生長期比較長久，它是今年播種，但要等到次年才能收成。因此「金秜」兩字，有可能指金黃色的稻穗或稻穀而言。臺灣話中的「金」色，通常是指具有黃金顏色的「黃」色而言，對那些長得很飽滿，並已成熟而收割的稻穗、麥穗、小米、玉米等穀物，自然就以金黃色來形容它們。

臀無膚

　　從字源考證，無、无，義同而互通。《易經》全文中，共有一百六十個「無」字，但通行本大多以「无」字代之。事實上，「无」字，至楷書才有，其使用年代，要比「無」字晚很多。依《漢典》載錄，金文「無」之字形，與甲骨文「舞」之字形，最為近似。[6]由此推論，「無」、「舞」兩字，最初可能同源，到商末、周初，《易經》成書之年代，兩字應可相通，或互為借用。但是文字發展至小篆以後，「無」、「舞」兩字之字形與意義，漸有區別。另一方面，「无」字應源自「無」字，其後，兩字之使用，卻廣為互通。

　　爻辭「臀無膚」一語，依字義分析，感覺有點彆扭而不易理解。但如果把「无」恢復成「無」，把「臀無膚」，改成「臀舞膚」，則對於連結王亥被害之故事，不但可幫助解讀姤卦各爻，還可拿來印證一些史料與傳說。首先，根據沈約註本《竹書紀年》記載：「殷侯子亥，賓于有易而淫焉，有易之君綿臣，殺而放之。」[7]這段史料說明，王亥因賓於有易國，加上他有淫蕩行為，最後才造成他被殺之原因。另據傳說，旅居有易之王亥一行人，一直酖於酒色，又參與「萬舞」聯歡。[8]在咏史詩《楚辭‧天問》中，有一段傳說與王亥及「萬舞」有所關聯，曰：「干協時舞，何以懷之？平脇曼膚，何以肥之？」有學者研究認為，干：盾，指一種手執盾牌的武舞，又稱萬舞，這是古代一種場面宏大的貴族舞蹈。[9]「干協時舞」、「平脇曼膚」兩句，正顯示出舞者利用美妙舞姿，來展露他們的雄壯胸膛及柔曼肌膚，以達到吸引異性之淫亂動作。事實上，〈天問〉所用之「舞、膚」，與姤卦之「臀舞膚」，在文字及意象上，應屬類似而具有關聯性。要而言之，「萬舞」是古代的一種武舞，但它也具有性舞之功效，有如中東的肚皮舞

一般，可能都具有誘惑異性之功效，因此才導致王亥被殺之下場。姤
卦以「臀無膚」作為爻辭，可能是聖人藉此來暗示，古代萬舞的淫亂
與其致命的誘引力。古文一字多義，在姤卦中，只有「臀無膚」之
「無」，可作「舞」解；其餘「无」字，均做「無」解，兩者意義不相
同，吾人應稍作區別為妥。

包有魚，無咎，不利賓

　　姤卦，即遘卦也。遘有不期而遇，及不該會而會之意思表示。不
期而遇，是處於被動之無奈；而不該會而會，卻具有主動挑釁之味
道。本卦九二爻辭似與王亥被殺的故事有關，依註本《竹書紀年》之
記載，這是商人先公到有易國營商，並逞強而發生不幸的歷史事件，
故事發生在夏朝帝泄十二年。殷侯子亥，是指殷商之先公王亥，或稱
王子亥。根據顧頡剛先生研究指出，有關王亥喪牛羊于有易的故事，
是經由王國維先生從甲骨文之研究中獲得印證。[10]王國維詳加考核王亥
相關史事，並在《楚辭》、《山海經》、《竹書紀年》中，尋出他們的相
關事實來。顧頡剛肯定這項研究成果，並將它運用在大壯卦「喪羊于
易」，及旅卦「喪牛于易」之解釋上。[11]根據《竹書紀年》王子亥「賓
于有易」之記載，及前賢的研究成果，可以理解姤卦與此件史事，應
該有所關聯才對。

　　本卦九二爻辭：「包有魚，無咎，不利賓」，包、魚、賓，是本爻
之主要關鍵字。包，為袍之假借，袍，就是指身上所穿的衣服；帛書
易經，以「枹」代「包」。「魚」，可能是指帶在身上的魚形玉珮，古代
君子習以佩玉為俗，它可以代表身份地位及財富；以《金史・輿服志》
所載為例，親王佩玉魚，一至四品官員佩金魚，五品以下佩銀魚。據
學者研究，商人生產了種類繁多的玉質藝術品，其中以動物題材的藝

術品最多，包括魚形玉珮都有。[12]商代魚形玉珮存世尚多，在「婦好墓」出土眾多古玉中，也有魚形玉珮。[13]古人喜愛玉石，就像今天的時尚社會，常見到貴婦名媛們，在出門交際應酬時，總會打扮得珠光寶氣；衣服皮包都是名牌，身上還要佩帶金鑽名錶，這樣才足以顯示其高貴及有錢之身份。賓，為賓客。事實上，姤卦九二爻辭之結論與重點，應在最後的「不利賓」三個字，它可能是對「殷侯子亥，賓于有易」之不幸事件，作出一個嚴肅的警語。總之，聖人對躁進之舉動不敢苟同，同時也藉此提醒我們，做事不能太過冒進，無故不要出遠門去炫耀及作賓客。

另，本卦九四爻辭：「包無魚，起凶」；若以「包無魚」，對照九二爻「包有魚」，一無、一有，爻位、爻辭有別，結果就全然不同。以一字多義來說，「包」，可假借為袍、胞、匏、庖等字；「魚」，則具有魚類、陰性、魚形石之意涵。以一語雙關來看，「包」字，可作包裹、衣袍二解；「魚」字，可作食用魚、魚形玉珮二解。因此，若以九四爻辭：「包無魚，起凶」，來呼應九五爻辭：「以杞包瓜，含章，有隕自天」，則從因果對應關係來作解讀時，即有杞國是因天象之祥異，而造成當地魚鹽歉收而價貴之凶兆，詳情參閱以下之解釋說明。

以杞包瓜，含章，有隕自天

「杞人憂天」，是一句眾人皆知的成語，這是一則與杞國人民有關的古寓言，典出《列子・天瑞篇》，比喻心中有著不必要的或缺乏根據的憂慮。列子（西元前450-375年），全名列禦寇，或稱列圄寇，他是戰國時代知名思想家，也是早期道家代表人物之一。據說列禦寇撰有《列子》一書，又名《沖虛經》、《沖虛真經》，古本《列子》早已失傳；今本《列子》僅存八篇，是在魏、晉時代，由前人考證先秦舊

文，並纂輯而成的。《列子》收錄多篇寓言故事，寓道於事，並廣為流傳於世。〈杞人憂天〉篇之原文如下：

> 杞國有人，憂天地崩墜，身亡所寄，廢寢食者。
>
> 又有憂彼之所憂者，因往曉之，曰：「天，積氣耳，亡處亡氣。若屈伸呼吸，終日在天中行止，奈何憂崩墜乎？」
>
> 其人曰：「天果積氣，日月星宿不當墜邪？」
>
> 曉之者曰：「日月星宿，亦積氣中之有光耀者。只使墜，亦不能有所中傷。」
>
> 其人曰：「奈地壞何？」
>
> 曉者曰：「地，積塊耳。充塞四虛，亡處亡塊。若躇步跐蹈，終日在地上行止，奈何憂其壞？」
>
> 其人舍然大喜。
>
> 曉之者亦舍然大喜。[14]

杞國歷史相當悠久，據史料記載，商湯滅夏桀，封大禹後裔於杞，為姒姓之國。杞建國故城在今河南省杞縣，在殷商時，或封或絕；周武王時，再封東樓公於杞；戰國時，亡於楚。從以上杞國人之對話中，可以理解到，在杞國地方可能發生過祥異天象，所以帶給當地百姓一些憂慮與擔心。對於無知者，如果成天擔憂天會崩塌，地會陷落，久之，自然會煩惱不已，甚至產生憂鬱妄想症。以上這一則寓言，算是一篇很好的天文教育素材，後來在《幼學瓊林‧卷一‧天文類》，也有類似記載：「心多過慮，何異杞人憂天。」當然這些都是作者，他們想藉寓言來勸勉世人不要過於迷信，反而應具有基本的天象常識才對。事實上，這兩則寓言都算不上是創見之作，因為出書比他們更早的《易經》，在其姤卦之爻辭中，即有相當具體的敘述。

姤卦九五爻辭：「以杞包瓜，含章，有隕自天。」如果逐字解釋，

杞，為杞國；「以杞」，是指出現在杞國地方。在商、周兩個朝代，杞國都是受封的一個小諸侯國。包，假借為匏；瓜，為瓜果之瓜；合稱「包瓜」，這裡是指天上的匏瓜星。章，為美德、為光彩、為文章；「含章」兩字，一解為隱含美德，如坤卦六三爻辭；一解為沒有亮光，如姤卦九五爻辭。殞，指隕石、流星、或彗星。據新修縣志之天文詞彙記載，杞縣當地人稱流星為賊星，稱慧星為掃帚星。[15] 在一般人的心裡，不管是看到賊星或掃帚星，都隱含會遇到不吉利之徵兆；「有隕自天」，可能就是指當時曾出現流星之天文奇觀。

　　事實上，在此爻辭中，已經明顯地告訴我們，在古代杞國地方的人，曾經看到過兩種天文異象：一、「匏瓜」星被客星遮住而黯淡無光；二、有流星劃過天際之異常天象。依《史記・天官書》記載，古代天文共分中、東、西、南、北五宮，其中北宮玄武有七宿，而牛郎、織女、匏瓜等星，也都在北宮之範圍內。《天官書》又載：「匏瓜，有青黑星守之，魚鹽貴。」據《索隱》云：「匏瓜，一名天雞，在河鼓東，匏瓜明，歲則大熟也。」《爾雅》云：「河鼓謂之牽牛」，牽牛星是也。另據《正義》解讀：「匏音白包反。匏瓜五星，在離珠北，天子果園。占：明大光潤，歲熟；不，則包果之實不登；客守，魚鹽貴也。」[16] 按，「客守」，指客星守之，也就是指有黑星遮住了匏瓜星之明，讓匏瓜星黯淡無光。「魚鹽貴」，表示凶年降臨世間，此時魚鹽恐會歉收，因物以稀為貴，所以價格即會飆漲。這可能是上古時候的一種民間傳說，並造成舊社會的迷信現象，但也反應出人民對於凶年的一種恐懼心態。

　　在典雅古樸的臺灣話中，常聽有人說：「人若衰，種匏仔，生菜瓜。」過去我們都認為，這是一句看似無厘頭之言，卻是別有所指之話。小時候，一聽到有大人講出這一句臺灣特有的俗話時，總感覺他們說話內容很不合邏輯，因為匏仔是匏仔，怎會生出菜瓜？而且菜瓜

與匏仔相比,菜瓜價貴而好吃,有什麼不好?試分析「種匏仔,生菜瓜」這句臺灣話,匏、瓜,物種不同,種「匏」絕不可能長出「瓜」。事實上,這一句俗話,並不在強調植物發生變種的意外,反而是哀嘆人們遇到「衰運」時的一種無奈。說話者故意把「匏瓜」一切為二,可算是一種臺灣話的說話藝術,這樣讓人聽起話來,不但整句話押韻好聽,而且在無奈中,更顯出幽默感。

再看姤卦「以杞包瓜,含章,有隕自天」之爻辭,作者是藉天文異象,來反應人們遇到「凶年」時的一種恐懼心理。對照以上臺灣俗語與姤卦爻辭,發現他們都以「匏瓜」作為物象,其延伸之意象,頗為相合;再看所論述之因果關係,一走「衰運」,一逢「凶年」,他們所遇到的命運與意境,也是不謀而合。總而言之,臺灣人琅琅上口的「種匏仔生菜瓜」,可算是一語雙關,因此聽者腦筋必須要動得快一點,如果能夠聯想到「匏瓜」星,那就更妙了,那才是真正領會臺灣俗話之滋味,以及話中所蘊藏的哲理。本來看似一句不可能會有的俗話,竟然可以從易經「姤」卦爻辭中找到根源,這不但幫助我們解開三千年之謎題,同時也間接印證了臺灣話,是一既古雅又珍貴的上古漢語。

四 六十四卦之聯通

《易經》六十四卦之卦序,往往具有「兩兩相耦」之排列關係,夬卦與姤卦就是一個例子。從卦圖觀之,夬、姤兩卦,都呈現五陽一陰的格局。另外,從卦爻辭內容及物象考察,姤卦九二爻辭,似與王亥「賓于有易」事件有密切關係。再從夬卦、大壯卦、旅卦進行解讀,發現在這三卦爻辭中,同樣都隱含有王亥及賓于有易之背景,因此三卦不但都與姤卦形成關聯,而且還能佐證姤卦與王亥「賓于有易」事件

之參考。

　　從殷商卜辭及史料記載，商朝之先公王亥，他是商族始祖契的第七世孫，後來他因「賓于有易」事件而被殺。據學者研究指出，商人本源自山西中部的太原盆地和忻定盆地，到了王亥時，商人與居住于易水流域的有易氏發生衝突，以致王亥被殺，其後上甲微借助于河伯的力量打敗有易。[17]當夏朝末葉，商人漸漸有財有勢，可能與王亥「作服牛」的貢獻有關。據《世本・作篇》記載：「胲作服牛」；另外《呂氏春秋・勿躬》亦云：「王冰作服牛」。這些古書所記載的對象，就是指王子亥，他是歷史上首位馴服野牛的先知者，他因此發展畜牧業，並利用牛隻運送物資以行商。

　　學者研究認為，王亥因畜牧而起，以營商獲利，並向黃河北岸拓展活動地域，對商人歷史立下特殊功績，因此商朝對王亥之祭祀，頗為隆重。[18]事實上，以甲骨卜辭所記，在商朝諸先公之祭祀中，以對王亥之祭典最為隆重，用牲數量極大，多者四五十牛。[19]記載王亥不幸歷史事件之古書，包括有《竹書紀年》、《楚辭》、《山海經》，及羅振玉[20]、王國維、陳夢家、李學勤[21]、張渭蓮等人，在卜辭考釋上的研究成果。針對王亥遭禍之歷史事件，以《易經》六十四卦為例，包括姤卦，及夬、大壯、旅等卦，同樣都有相關之敘述，茲簡述如下：

姤、夬

　　姤卦與夬卦之卦圖，剛好形成所謂的綜卦關係，姤卦是下巽上乾，夬卦則是下乾上兌。姤卦與夬卦之關聯，可從一個「壯」字，及一句「臀無膚，其行次且」之爻辭看出來。按兩卦均以「壯」字，用它形容王亥之強壯與財力；夬卦有「壯于前趾」、「壯于頄」，暗示壯而不當。另外姤卦，以卦辭揭櫫「女壯，勿用取女」，表示壯而不可取，

顯然都在暗指王亥不該「賓于有易」。還有，兩卦都有「臀無膚，其行次且」之爻辭，暗示眼前出現異常狀態，前行必是險境，如要冒進，必遭厄運無疑。

姤、大壯

姤卦與大壯之關聯，可以從兩卦皆有的「壯」、「羸」、「角」三字，及大壯卦「喪羊於易，無悔」之爻辭看出來。壯、羸、角，表示一個人的實力展現，及弱點的暴露。人要有智慧才無害，衝動則必有損傷，這是大壯卦所要傳達的信息。大壯而有智慧，雖「喪羊於易」，但不後悔，表示雖有損失，但其結局仍可接受。姤卦「女壯，勿用取女」，則顯示粗魯行為不可取，告誡後人，要防範未然。

姤、旅

姤卦與旅卦之關聯，是以作賓客或去旅行做比較，說明在出發前與出發後，可能會遇上的不同狀況與結果。姤卦以「不利賓」警示在前，旅卦則以「射雉，一亡」不幸收尾，卦中所指人物，好像都與王亥有關。《楚辭・天問》對此歷史故事，已有相關記載，而學者亦有分析證明。旅行者不夠謹慎小心，最後就如爻辭「喪牛於易，凶」之占示，最終會以悲劇收場，但悔之晚矣，後人要記取歷史教訓為是。

大壯、旅

如果從王亥故事為背景觀察，大壯與旅卦具有象徵意義的比較價值；大壯卦六五爻辭：「喪羊于易，無悔」，旅卦上九爻辭：「喪牛于

易，凶」。兩卦同樣以喪失牛羊為物象，為何大壯卦無悔，而旅卦則凶？按，在傳統祭祖大禮中，祭品用牛牲稱大牢，用羊、豬牲稱少牢；大牢只有帝王才能享用，其他封爵高官只能用少牢。從祭品禮儀觀之，在上古商、周時期，因尊卑階級地位不同，因此可以理解祭品牛比羊之象徵意義，就有很大的差別待遇。因此「喪羊于易，無悔」，「喪牛于易，凶」，表示兩卦意象之差異性。商朝先公王亥，因作服牛，以為民利，而王天下化之。[22] 王亥因作服牛，表示牛對商朝王天下之貢獻最大，因此以喪牛來象徵王亥被害之嚴重性。

五　結論

《易經》卦爻辭不但有一字多義，或一語雙關之作，偶爾也會發生傳寫訛誤之現象，姤卦就是一個明顯的例子。據學者研究認為，古易卦名作「遘」，王弼始改為「姤」；若佐以甲骨文及金文的考證，通行本之「姤」卦，似應回復以「遘」命名為妥。同理，若以甲骨文及金文為憑據，爻辭「金柅」，亦應改為「金枙」為佳。另外，姤卦不但有一字多義，有一語雙關，也有假借之字；在九二、九四、九五爻辭中，「包有魚」、「包無魚」二辭，及「包」、「魚」兩字，即為一例。

姤卦，即遘也。對待他人，如不該會見而去會見，就是種下遘禍之原因，當然會帶來自取其辱之後果。人遇祥異，內心難免會有所憂慮，但如果能冷靜面對，不要慌張迷信，就能平安渡過。姤卦舉出二個案例，說明「遘禍」及「遘愍」之涵義，其中有關人物與地方之物象，一為商朝先公，一在夏裔杞國。

首先回顧商朝的興起，似與王亥作服牛致富有關，王亥是唯一被尊為王，且奉為商朝高祖的先公。根據註本《竹書紀年》記載：「殷侯子亥，賓于有易而淫焉，有易之君緜臣，殺而放之。」可見事端是因

王亥作客他國而起，最後更以行為不當而犧牲性命。一個人物，他可能勇猛有錢，卻因粗魯惹禍；他的行為，可視為歷史教訓，也不是後人學習的好榜樣。古代儒家常說，君子好財，取之有道；現代工商社會，賺錢發財，人人有機會。憑心而論，有錢並不是罪過，但如果懷有暴發戶心態，做人就不會謙虛正直，行為往往不加檢點，因此很容易犯錯。慎之！戒之！反觀電腦界兩大巨人，美國微軟公司創辦人比爾蓋茲（William Henry "Bill" Gates III, 1955-），及蘋果公司創辦人賈柏斯（Steve Jobs, 1955-2011），兩人各自開創一個電腦及手機王國，一生賺錢不少，但兩人同樣都以鉅額捐款給公益事業，因而更加揚名於世界，這才是真正大善人，才是值得我們學習的好典範。

再看古代夏裔杞國地方，可能曾經發生過天文異象，因此讓百姓心生「遭愍」之憂慮。事實上，姤卦「以杞包瓜，含章，有隕自天」之爻辭，確實是一句千古名言。從此可以證明它比列子「杞人憂天」之寓言，更早提出；同時臺灣話「種匏仔、生菜瓜」之俗語，也可能以它為根源。另一方面，匏瓜含章、有隕自天之杞國天象，就像日食、月食、彗星等天文星象。這本是宇宙間不常發生的自然界現象，過去可能無法預知何時會發生，但現在都可透過觀測推算，並預告發生日期。天下本無事，庸人自擾之，如因天文祥異而起的「遭愍」，可以休矣。

注釋

1 屈萬里：《讀易三種》（臺北市：聯經出版社，1984年），頁546。

2 鄧球柏：《帛書周易校釋增訂本》（長沙市：湖南出版社，1996年），頁103。

3 陳成福：《國臺音彙音寶典》（臺南市：西北出版社，1991年），頁213-214。

4 游國慶：〈毛公鼎的字數問題——兼述銘文內容並語釋〉，《故宮文物》309期（2008年12月）。

5 互動百科：http://hudong.cn/home/hudong/dict.wml?type=dict&word。

6 《漢典》：http://zdic.net。

7 沈約註、洪頤煊校：《竹書紀年》（臺北市：臺灣商務印書館，1956年），頁13。

8 莫休：〈王亥：牛車拉出來一個商王朝〉，網易讀書書庫（http://data.book.163.com）。

9 褚斌杰：《楚辭要論》（北京市：北京大學出版社，2003年），頁269。

10 王國維：〈殷卜辭中所見先公先王考〉，《觀堂集林》卷九。

11 顧頡剛：〈周易卦爻辭中的故事〉，《易學論著選集》（臺北市：長安出版社，1985年），頁170-173。

12 唐際根：《殷墟：一個王朝的背影》（北京市：科學出版社，2009年），頁206-207。

13 婦好為商王武丁諸婦之一，名婦好，廟號妣辛。考古學家在一九七六年，於河南省安陽小屯殷墟發掘「婦好墓」，出土陪葬品一九二八件，玉器近四成，其中佩帶玉飾有四百二十多件。

14 《列子‧天瑞篇》。

15 杞縣地方志編委會：《杞縣志》（鄭州市：中州古籍出版社，1998年），頁848。

16 《史記‧天官書》。

17 張渭蓮：《商文明的形成》（北京市：文物出版社，2008年），頁163。

18 陳夢家：《殷墟卜辭綜述》（北京市：科學出版社，1956年），頁338-340。

19 張渭蓮：《商文明的形成》（北京市：文物出版社，2008年），頁152。

20 羅振玉：《殷虛書契考釋》（臺北市：藝文出版社，1975年），頁5-6。

21 李學勤：《周易經傳溯源》（長春市：長春出版社，1992年），頁2-4。

22 《管子‧輕重戊》。

第十四講
淺釋易經漸卦

一　前言

　　《易經》六十四卦中，「漸」卦含有循序漸進之意思。「漸」卦以飛鳥鴻雁作為意象，在卦、爻辭中，皆引用鴻雁的生活習性，及求偶生育過程，以作實例說明漸進之步驟與重要性。鴻雁是大自然界候鳥之一，中國中原地區也是主要繁殖地之一。聖人藉鴻雁適應生態環境之過程，分段描述在不同時地之反應，並暗示我們做人做事，要按部就班，正確婚姻觀念，要有所堅持。人要學習懂得何時何地，該辦何事；知道適應不同時段，扮演不同身分，並作出最合宜的回應。專家告訴我們，鴻雁是過群體生活，行一夫一妻制，並共同照護雛鳥長大。鴻雁順應季節變化，因此遷徙有時，繁殖有時，雖在特殊情況下，其尋伴之觀念，仍舊是守一而不亂。鴻雁在天空翱翔飛行時，其行列又以「一」、或「人」字形前進，顯得井然有序。如果我們能夠了解鴻雁之生活習性，就可進一步解讀「漸」卦，並對來去有時、孕育有時、漸進有序、雁行有序等四大意義，有著更深入的體會。漸進而不亂，我們應該效法大自然精神，並以候鳥生態為師，從觀察學習中得到啟發，以期提升更好的生活品味，並改變相關的個性行為。本文試以生態環境觀察法，進一步解讀「漸」卦之意象，並依照卦、爻辭之解釋，關鍵字辭之解釋，六十四卦之聯通，三個段落順序，分別撰

述個人鄙見，並就教於方家。

二　卦、爻辭之解釋

卦辭：漸：女歸，吉，利貞。

譯文：漸進：鴻雁你飛回來了，這是吉祥之現象。循序漸進，懂得學
　　　　習大自然法則，這就對了。

初六：鴻漸于干，小子厲，有言，無咎。

譯文：鴻雁漸漸來到水邊乾蘆葦築巢下蛋，雛鳥剛孵出來時，總是吱
　　　　吱叫個不停，其情況看來有些危險，但應該不會有問題的。

九二：鴻漸于磐，飲食衎衎，吉。

譯文：隨著天氣日漸暖和，鴻雁也漸漸走到水中的石頭上，看牠們高
　　　　高興興地覓食小魚與水草，這種悠遊和樂景象與環境，讓成長
　　　　日子過得很吉祥。

九三：鴻漸于陸，夫征不復，婦孕不育，凶，利禦寇。

譯文：鴻雁漸漸離開水邊並走向陸地吃草。鴻雁活動範圍與社交生活
　　　　也逐漸擴大。公雁離開卻沒有再回來，雖然母雁已受孕，卻無
　　　　法單獨負起孵育責任，這種情況危險而不妙。母雁留下以防範
　　　　入侵者，雖感孤單無奈，卻有益於保護雁群。

六四：鴻漸于木，或得其桷，無咎。

譯文：鴻雁漸漸來到樹蔭底下遮陽，吞食落在地上的果子，或許可以
　　　　撿到好吃的都桷子樹果。孤單母鳥所產下的蛋，因為沒有經過

受孕，就像那無核的都桷子樹果，但這不完全是牠的錯。

九五：鴻漸于陵，婦三歲不孕，終莫之勝，吉。

譯文： 鴻雁漸漸來到較高地位，免于受到侵犯；孤單母鳥捱過三年不受孕，其意志力堅強，終於得願以償，並保平安勝利，這是很吉祥的現象。

上九：鴻漸于逵，其羽可用為儀，吉。

譯文： 鴻雁漸漸長成大鳥，雁群可以一齊展翅翱翔天空，並準備遷徙他處去過冬。雁群在天空飛翔時，總是依序列隊飛行，行列整齊有序。鴻雁群飛而不亂，是值得人們學習的好榜樣，這也是吉祥的徵兆。

三　關鍵字辭之解釋

鴻

「漸」卦，六爻辭各有一「鴻」字，加上另一「羽」字，因此推論本卦是以「鴻」為物象。鴻，指鴻雁，學名：Anser cygnoides，英文名：Swan Goose，民間俗稱大雁。鴻雁是候鳥之一，目前已列入《世界自然保護聯盟》易危（VU）國際鳥類紅皮書名錄（IUCN Red List, 2009 V3.1）。[1] 鴻雁喜歡棲息於濕地，常在河川、沼澤、湖泊及草原曠野覓食與活動。雁是雁屬中體形大、個體重的鳥類。飛行時雙翼拍打用力，振翅頻率高。有遷徙的習性，遷飛距離也比較遠。牠喜群居，飛行時成有序的隊列，有一字形、人字形等。雁為一夫一妻制，雌、雄共同參與雛鳥的養育。[2] 根據專家研究，在中國所見之鴻雁習性，大

致如下：

> 性喜結群，常成群活動，特別是遷徙季節，常集成數十、數
> 百、甚至上千隻的大群，即使在繁殖季節，亦常見四到五隻或
> 六到七隻一起休息和覓食。善游泳，飛行力亦強，但飛行時顯
> 得有些笨重。警惕性強，行動極為謹慎小心，休息時群中常有
> 幾隻「哨鳥」站在較高的地方引頸觀望，如有人走近，則一聲
> 高叫，隨即而飛，其他鳥也立刻起飛。飛行時頸向前伸直，腳
> 貼在腹下，一個接着一個，排列極整齊，成「一」字或「人」
> 字形，速度緩慢，徐徐向前。[3]

鴻雁俗稱大雁，大雁是雁屬鳥類的通稱。大雁群居水邊，往往千百成群，夜宿時，有雁在周圍專司警戒，如果遇到襲擊，就鳴叫報警。主食為嫩葉、細根、種子，間或啄食農田穀物。每年春分後飛回北方繁殖，寒露後飛南方越冬。群雁飛行，因為行列整齊，人們稱之為「雁陣」。這是一種集群本能的表現，因為這樣有利於防禦敵害。科學家研究發現，大雁排隊飛行，可以減少後邊大雁的空氣阻力。[4]一般在野生狀態下，鴻雁性成熟期約需二到三年，母雁年產蛋四到八枚。但是人工養殖時，性成熟期較短，且以一雄鳥配多隻母鳥。一般相信，民間飼養的家鵝，就是由鴻雁馴化而成的。

河北平原西起太行山東麓，東止於渤海海岸，北自燕山南麓，南止於黃河。據專家研究指出，這裡是商朝七垣文化遺址的主要分布地。又，距今八千五百到三千年前，是中國的全新世大暖期或氣候最適宜期，其中距今五千到三千年溫度的波動較為暖和，同時也比較暖溼。當時河北平原氣候溫暖，雨量充沛，植物繁茂，沼澤面積也擴大。[5]因此可以推論，在上古時代的河北平原，應該也是鴻雁喜歡的繁殖地之一。由此可以推測，在黃河下游北岸一帶，當時一定有很多雁

群的棲息與活動；這裡應是《易經》中的鴻雁故鄉，而其越冬地，可能在江南一帶。成書在商末、周初的易經，特別以鴻雁作為漸卦之物象；但是，經過三千年的時空及自然生態的大轉變後，今天鴻雁卻成為需要立法保護的珍貴鳥類之一。

　　據媒體報導，中國河南省已設有「黃河濕地國家級自然保護區」，在保護區的中心，有一處「處女泉」，常年水溫保持在攝氏二九到三十度之間，具有多樣性豐富生態資源的特點。[6] 另據「豫北黃河故道鳥類濕地國家保護區」相關資訊，該保護區地處中國暖溫帶向亞熱帶的過渡區，其地貌特徵為黃河改道後歷史遺留下來的背河洼地、槽形洼地和廣闊的黃河灘塗，水源來自汛期的地表徑流、引黃退水和地下水，是中國中原人口稠密地區難得的一塊天然濕地。區內生態環境多樣，物種豐富，動植物區系成分複雜，是南北方動植物類群交匯處及通道，也是鳥類南北遷徙的主要途徑和華北水禽越冬的北界。區內已發現鳥類有一百三十餘種，其中屬於國家重點保護的珍稀鳥類有三十九種。[7] 鴻雁主要繁殖在西伯利亞和中國東北，但在三門峽「河南黃河濕地國家級自然保護區」的鼎湖灣風景區，目前仍有鴻雁棲息與活動的報導。[8]

干、磐、陸、木、陵、逵

　　漸卦之六個爻辭，分別以鴻雁所在地的不同位置取象，並敘述牠們如何孵蛋生子、覓食嬉戲、尋伴交往、或遷徙飛行，等等不同階段的生活狀況。六個爻辭之首句，依序為：鴻漸于干、鴻漸于磐、鴻漸于陸、鴻漸于木、鴻漸于陵、鴻漸于逵。若從漸進成長角度觀之，這是敘述從低處到高處的學習階段；從水中、地面、山丘、到天空，其活動範圍逐漸往上提升。若從候鳥遷徙及伴侶變故之方向觀察，這是

刻畫如何遵循大自然法則，及堅守一夫一妻制生活方式的調適。作者在每一爻辭中，分別嵌入「干、磐、陸、木、陵、逵」中的一字，透過關鍵的一字之義，說明鴻雁不同生活習性與特徵，這種筆法相當具有邏輯哲理的說服力。茲分述如下：

鴻漸于干：「干」是指蘆葦干，或稱為乾蘆葦。在濕地或沼澤地方，到處可以見到它，這也是鴻雁築愛巢的材料。就漸進、成長過程而言，「干」的位置最低，代表鴻雁繁殖下一代時，雁群選擇的棲息地，當以長有茂密蘆葦的水邊或沼澤，因為這裡比較具有隱密性與安全感。

鴻漸于磐：「磐」是指高出水面的石頭，它具有平穩安全之含意。磐提供一個高出水面的平臺，可以讓鳥類站在上面覓食小魚蝦，或稍作休息之用。「磐」的位置比「干」高一些，這是雁群在水中安全覓食與休憩的場所。

鴻漸于陸：「陸」是指陸地，這裡有鳥類愛吃的青草、嫩葉、細根、種子、穀物。隨著氣溫升高及小鳥的漸漸長大，鴻雁需要補充更多的營養，進行試飛及社群交往，因此就離開沼澤濕地，並來到活動與覓食的草原陸地。「陸」的位置不但比「磐」要高一些，而且範圍也擴大許多，因此也是造成雁群迷惘之場所。陸地代表食物更多樣而豐富些，但誘惑及風險性，也會增加許多。

鴻漸于木：六四爻之辭：「鴻漸于木，或得其桷，無咎。」「木」指樹木，樹木可以提供樹蔭及果子。鴻雁體型較大，遇到炎熱日子，需要走到陰涼樹下休息，順便吃一些掉落在樹底下的果子。「桷」應指都桷子，依《本草綱目》所載，都桷子是一種樹木，但其果實無核。以「桷」樹及其果實，比喻失伴的母鳥，及未受孕的蛋，意象頗為相似。事實上，我們今日所吃的雞蛋，大都是人工飼養雞所生的未受孕蛋，其營養價值不變。樹「木」的高度，比草原「陸」地要高一些。

　　鴻漸于陵：「陵」是指山丘高地，鴻雁來到這裡，似乎含有地高位尊之意思。另一方面，在小鳥成長過程中，其試飛能力也要慢慢往山丘高度提升，這也是在為牠遷徙遠飛前，必須預作訓練的重要過程。「陵」的位置又比「木」高一些。

　　鴻漸于逵：「逵」，一說為「陸」；但依六爻用字，及從位置變化、用字讀韻觀之，本爻應以「逵」字為是，前輩學者中，胡瑗、程頤、朱熹、王夫之等人，都持相同之看法。[9]、[10]「逵」即雲路，指鳥類在空中飛行之處也。「逵」的位置又比「陵」更高，它提供雁群在空中翱翔與遷徙之路徑。

孕

　　本卦九三爻辭：「夫征不復，婦孕不育」，及九五爻辭：「婦三歲不孕，終莫之勝」，皆有「孕」字。另外，六四爻辭中，雖無「孕」字，但從另一「桷」字，卻有借它來比喻「不孕」之意思。漸卦之卦辭以「女歸」為首，具有一語雙關之意義。「女歸」指候鳥鴻雁飛回出生地，牠們準備好繁殖下一代，其意義如同鮭魚溯游回鄉產卵，這都是大自然界的生態法則。另一方面，女孩出嫁、找到一個好歸宿，這也是「女歸」之最好說明。接著在六個爻辭中，有三爻是與鴻雁行一夫一妻制，循序孕育小鳥，及母鳥遭變之後的堅貞不渝有關。這些描寫母鳥特殊習性之爻辭內容，與人類採行一夫一妻家庭制，兩者似有一些契合之關係。

　　「孕」，臺灣話發音為（HEUNG₃），意指公、母鳥先經過交配，鳥蛋才能受孕，這樣才能孵化出小鳥。「夫征不復，婦孕不育」，表示公鳥不在了，因此母鳥不願孵蛋，單獨負起照顧小鳥之責。在「婦三歲不孕，終莫之勝」爻辭中，三歲不孕，表示母鳥失去伴侶後，往後三

年雖然還能下蛋，但這些蛋都是屬於不孕之蛋，因此也孵不出小鳥。終莫之勝，表示母鳥得願以終，平安過日子，這也是牠得勝而吉的代價。另外，六四爻辭以「無核」之梬實，比喻「不孕」之鳥蛋。事實上，不孕蛋、無核梬，就像無子西瓜、香蕉果實，它們都無法用來繁殖下一代。

羽、儀

本卦上九爻辭：「鴻漸于逵，其羽可用為儀」，以「羽」、「儀」為鳥飛之具體形象，表示雁群在空中飛翔，隊伍不亂，其儀可範。候鳥一年有兩次遷徙，必須在南北兩地作長途飛行。因為鴻雁屬大型鳥類，因此雁群之飛行隊伍，必須因應體型及氣流之變化，才能順利往前飛翔。參照雁群之飛行秩序，軍隊行軍或儀隊表演，秩序更要保持整齊劃一，如此才能收到快速、有序與壯觀之效果。

四　六十四卦之聯通

從卦象觀察，漸卦與歸妹卦兩卦之六爻，既成上下倒置、又成交爻互變之現象，因此這兩卦既屬覆卦，也屬變卦之雙重關係。在《易經》六十四卦中，同樣具有此種現象與關係者，還有泰卦與否卦、隨卦與蠱卦、既濟卦與未濟卦。以兩卦同時具有覆卦及變卦之雙重現象，突顯兩者聯通關係更為密切，以漸卦與歸妹卦之卦爻辭為例，兩者都與婚配觀念有關。另外以物象解卦，漸卦是以鴻雁生態作為敘述對象，鴻雁是候鳥，小過卦也是藉候鳥為物象。有關漸卦之聯通關係，簡述如下：

漸、歸妹

漸卦和歸妹卦之聯通關係，係因兩卦都以婚配行為（mating），作為卦爻辭之意象。從發展過程言之，漸卦從低而高，歸妹卦從上而下；從婚配意願言之，漸卦是由雙方主動配對而成，而歸妹卦則是被動與人為促成。從分合現象言之，漸卦具有從一而終之美德，而歸妹卦卻是一夫多妻，而且男方還有休妻之藉口。人與鳥類都是動物，但婚配行為卻有差別，頗值得吾人深思。

漸、小過

漸卦和小過卦之聯通關係，係因兩卦都以候鳥作為意象。從鳥類遷徙飛行路徑言之，漸卦從中原到江南，小過卦從西伯利亞到河北平原。從棲息時間及目的言之，漸卦是鴻雁飛回中原繁殖，棲息時間較長；小過卦可能是以白天鵝來此過冬，棲息時間較短。根據報導，已列入國際重要濕地的鄱陽湖，每年都有數十萬隻候鳥在此越冬，除了白鶴外，還有白頭鶴、白枕鶴、東方白鸛、黑鸛、白琵鷺、小天鵝、鴻雁、白額雁等珍奇鳥類。[11]河南三門峽市地區，因有大量白天鵝飛來過冬，故有「天鵝之城」美稱。據報導，進入冬季，上萬隻白天鵝從西伯利亞遷徙到三門峽市黃河溼地棲息越冬，該地成為名副其實的黃河「天鵝湖」。[12]

五　結論

在傳統中華文化中，人們對鴻雁一向持有比較正面的評價，如

「來去有時」,「雁行有序」。雁行一夫一妻制,因此男女成親,也期盼能像鴻雁般白頭偕老。按《周禮》婚禮六事:納采、問名、納吉、納徵、請期、親迎;其中「納采」禮,就是由男方送一隻雁給女方,做為結婚前的首禮。野雁乃禽中之冠,因此傳統寓意,即以大雁作為仁、義、禮、智、信五常之象徵。[13]分析漸卦之卦爻辭,卦辭、初六爻、六二爻,是敘述候鳥回到繁殖地及生育下一代之過程。再以九三爻、六四爻、九五爻,敘述鴻雁從一而終之特質。最後以上九爻,敘述鴻雁在空中遷徙飛翔時,雁群列隊飛行,行列整齊有致,飛而不亂之特點。

　　《易經》卦爻辭之內容,常以事物為象徵,比喻人事之休咎,或作學習之榜樣。聖人也是透過六十四卦之哲理與邏輯,啟示宇宙間具有變易、簡易、不易三大真理。以《易經》「漸」卦為例,本卦以鴻雁之生態故事作為物象,拿雁群之遷徙飛行與公、母鳥之配對繁殖,來啟發我們的家庭組織與社會習俗;告訴我們在群體生活中,有那些要知所變,有那些要知所不變。鴻雁之良好習性基因,至少已印證變易與不易之真理與價值,這也是值得我們人類借鏡與學習的地方。

　　位於臺南市七股地區的臺江溼地國家公園,因環境適宜及全民重視,所以每年冬季有最多的黑面琵鷺棲息而聞名國際。人類重視濕地保存及野鳥保護,必須懂得如何與自然生態共存,這一重要課題,確已成為當前的普世價值。候鳥之棲息地大致可以分繁殖地及越冬地,但是經過三千年的氣候變遷,黃河下游出海口多次改道,大多數的鳥類也受到地球暖化及人為破壞之影響,因此分布地或棲息地,恐怕都已產生很大變化。從漸卦內容敘述來看,古代的河北平原,應該也是鴻雁的繁殖地之一。但是依據目前生態資訊觀察,在黃河舊河道及河南省境內各處溼地,卻已很難找到龐大數量的鴻雁蹤跡。

注釋

1　"IUCN Red List"：http://www.iucnredlist.org/apps/redlist/details/100600373/0.
（2012/2/23）。

2　互動百科：http://baike.baidu.com/view/32545.htm.（2012/2/23）。

3　互動百科：http://baike.baidu.com/view/32545.htm.（2012/2/23）。

4　互動百科：http://baike.baidu.com/view/17832.htm（2012/2/23）。

5　張渭蓮：《商文明的形成》（北京市：文明出版社，2008 年），頁 182-191。

6　互動百科：http://www.hudong.com/wiki/（2012/2/23）。

7　互動百科：http://baike.baidu.com/view/788966.htm（2012/2/23）。

8　新華網：http://big5.xinhuanet.com/gate/big5/www.ha.xin（2012/2/28）。

9　朱熹：《周易本義》（臺北市：世界書局，1962 年），頁 47。

10　王夫之：《船山易傳》（臺北市：夏學社，1980 年），頁 383。

11　中國網：http://big5.china.com.cn/travel/txt/2004-02/16/content_5498787.htm
（2012/2/23）。

12　中國新聞網：http://big5.chinanews.com:89/tp/hd2011/2011/12.../80729.shtml
（2012/2/23）。

13　互動百科：http://baike.baidu.com/view/17832.htm（2012/2/23）。

第十五講
淺釋易經豐卦

一　前言

　　慎終追遠，是傳統中華文化之美德，也是弘揚孝道的禮儀表現。
「慎終」是指居喪，「追遠」是指祭祖；考其源，知道它是一句出自
《論語》，亦即曾子所說的：「慎終追遠，民德歸厚矣。」上古時候，帝
王身居上位，他必須謹慎處理親人喪葬與祖先祭祀等大事，這樣才能
影響他的子民，並使民風導向淳厚之境界。臺灣文獻名家周憲文先生
（1907-1989），曾經論述曾子「慎終追遠」這句話。他認為：慎終說，
是喪盡其禮；追遠說，是祭盡其誠。他也評論說，古代以孝治天下，
因此特別強調慎終追遠的孝道精神，這是一種比較高明的統治方法，
但也有其正面意義，也就是曾子所主張的，做事第一要把得穩，第二
要看得遠。[1]

　　古代帝王之大事，在祀與戎。祀就是祭祀大事，祭祀是禮儀的表
現。《禮記‧祭統篇》所言：「禮有五經，莫重於祭。」也就是說，古
禮分成五種，其中吉禮是指祭祀之禮，居五禮之首。《禮記》另載：
「三代之禮一也，夏造殷因，民共由之。」事實上，三代之禮，以殷尤
盛，從殷墟出土的眾多甲骨卜辭中，即可獲得明證。由此可知，有殷
一代，統治者對於祭祀禮儀的特別重視；而《易經》一書，更以「豐」
卦之卦、爻辭，用來敘述「禮」的意義與內涵。

　　豐卦之論「禮」，主要是以「慎終追遠」之大事，作為全卦之意象主題，並藉此闡述「禮」之意義與內容。回顧商、周兩朝交替之秋，最後紂王雖以自焚而身亡，但人死為大，禮數仍不可減免。加上，祭祀先王、先公、先妣之大任，全由帝王一人獨自包辦，因此從豐卦之爻辭中，不但可以佐證卜辭所記的週期性祭祖內容，仍可窺見殷商遺民之行禮如故。可是在最後一爻所呈現的經文內容，更讓人看到昔日的壯麗樓閣，最後結局竟是人去樓空，旁人觸景生情，因此從心中發出不勝噓唏之嘆息。「禮」，古字為「豊」；但是通行本易經之卦名，卻作「豐」，與「豊」之本意，似有乖違之虞，這恐怕是當初文字傳譯，或後人抄寫之訛誤吧！卦名是「豐」？是「豊」？頗有商榷之餘地。本文試以語言文字及歷史文獻之研究方法，並參考近代學者對商代祭祀制度之研究成果，對全卦經文進行探討，並依照卦爻辭之解釋、關鍵字辭之解釋、六十四卦之聯通，三個段落順序，分別撰述個人鄙見，並就教於方家。

二　卦、爻辭之解釋

卦辭：豐：亨，王假之；勿憂，宜日中。

譯文：論禮之卦：舉辦隆重的祭祖大典，應由帝王親自駕臨主祭；祭禮以誠而無憂；而祭典大事，擇於日中吉時舉行為宜。

初九：遇其配主，雖旬無咎，往有尚。

譯文：利用祭祖大典之日，來到宗廟和祖先進行天人交會，雖然只在旬祭之吉時，才能與宗廟之神主相遇，但這樣做不會有錯，真心去履行祭禮，將會得到祂們的賞報。

六二：豐其蔀，日中見斗，往得疑疾，有孚發若，吉。

譯文：備好豐盛祭品與席位，並以日中吉時，舉行祭祀先王、先妣之儀式；因心忱而奉之以禮，故而興起誠敬之心，這是吉祥的徵兆。

九三：豐其沛，日中見沬，折其右肱，無咎。

譯文：備好豐盛祭品與幡旗，並擇於日中吉時，舉行祭奠逝世於朝歌的先王、先妣；雖然不是用全隻的牲禮祭品，但這樣做也沒有什麼不敬的。

九四：豐其蔀，日中見斗，遇其夷主，吉。

譯文：備好豐盛祭品與席位，並在日中吉時，舉行祭祀先王、先妣之儀式；藉此祭祖大典之時辰，能與祖先之神主交會稟報，這也是吉祥之徵兆。

六五：來章，有慶，譽，吉。

譯文：乘舉行祭祖大典之吉時，行封諡名及演奏樂章，藉此讚譽先王、先妣之懿行美德，這是吉祥之徵兆。

上六：豐其屋，蔀其家；闚其戶，闃其無人，三歲不覿，凶。

譯文：過去不但把宮殿住屋，裝潢得非常壯麗美觀，而且家中之筵食酒席，也料理得很鋪張奢華；可是現在景象已經面目全非，家戶之內也人去樓空，時光歲月已經流逝三載，而舊日榮華富貴，也不能再度重現，這是很不祥之凶兆啊！

三 關鍵字辭之解釋

豐、亨、旬

　　本卦之卦、爻辭中，以「豐」、「亨」、「旬」諸字最為關鍵，因為從這三個關鍵字，可以幫助我們解讀卦義，並且體會出，古代君王重視祭祖禮儀之內涵。《禮記‧祭統》記載：「夫祭者，非物自外至者也，自中出，生於心也。心怵而奉之以禮，是故唯賢者能盡祭之義。」這也是六二爻辭：「日中見斗，往得疑疾，有孚發若，吉」，以及國人藉「慎終追遠」來弘揚孝道精神的最佳寫照。

　　首先看卦名「豐」字。在《殷虛書契考釋》書中，作者羅振玉舉三個甲骨文字形，並引用《說文解字》之內容，提出他對「豐」字的考釋。他說：「豐，行禮之器也。從豆，象形……卜辭殆從玨也，古者行禮以玉帛，故從玨。」[2]書中查無「豐」字之考釋，作者也沒有說明，卜辭是否另有「豐」字。再看中國社會科學院考古研究所編輯《甲骨文編》一書之著錄，「豐」字共出現三十四種不同字形，而對於「豐」字，卻沒有隻言片字可供比對與查考。[3]但是《甲骨文精萃選讀》一書，反而列舉四個不同「豐」字甲骨文字形，對於「豐」字，卻無著錄。[4]

　　另以《漢典》對「豐」及「豐」之解釋：「豐，《唐韻》盧啟切，《集韻》里弟切，𠀤音禮。《說文》行禮之器也。《六書正譌》即古禮字。後人以其疑於豐字，禮重於祭，故加示以別之。《說文》本作豐。從豆，象形」；又載：「豐，《唐韻》敷戎切，《集韻》《韻會》敷馮切，𠀤音酆。《說文》豆之豐滿者也。一曰器名。」是故，若從音義及字源分析，我們可以確定：豐等於禮，或禮等於豐，兩字可以互通無

疑；但是，「豐」、「豐」兩字是否可以通假，在該辭典中，並未加以說
明。茲轉錄《漢典》所著錄的卜辭字源如下：[5]

　　　甲骨文「豊」： ；甲骨文「豐」：

　　另有學者研究指出，「豐」卦，漢朝石經作「豊」；但唐代《釋文》
卻主張：「依字作豐，今并三直畫，猶是變體，若曲下作豆，禮字耳，
非也，世人亂之久矣。」[6] 據此可以理解，卦名最初本作「豊」卦解，
但從唐朝以後，卻開始被人曲解了，使得通行本之卦名，可能從此一
直沿用「豐」卦以迄今日。

　　審視上述五則考釋與論述旨意，可以推知，「豊」字應該是「禮」
之古字；但「豊」及「豐」兩字，在古代是否可以通假，目前學界尚
無定論。在《殷虛書契考釋》及《漢典》中，作者都引用《說文解
字》，同樣稱「豐」、「豊」兩字，都是行禮之器。甲骨卜辭所見之字
形例證，在《甲骨文編》中，只見「豐」字，共有三十四個；在《甲
骨文精萃選讀》中，只見「豊」字，僅有四個，二書所舉之「豐」或
「豊」，其字形可謂相同，但解字卻相左。事實上，兩書所舉卜辭所見
之「豐」或「豊」，都已經把《漢典》所舉的「豐」、「豊」兩字，全包
含在其中了。很顯然地，如果從中國文字之字義與其演進歷史觀之，
「豐」、「豊」兩字，都與「禮」有關。再者，如以《殷虛書契考釋》、
《甲骨文編》、《甲骨文精萃選讀》及《漢典》，四者所舉之甲骨文或金
文字源，進行字形比對，發現這兩字確實相當近似，或許古代即有通
假之情況。因此，如果從廣義角度檢視，則上古時代之「豐」、「豊」
兩字，似可相通才算合理。準此，「豐」卦可以「禮」卦解之，甚至本
卦之卦名，應以改回「豊」卦較為合宜。此外，在本卦之爻辭中，另
見四個「豐」字，若依字解讀，該字既有「豐」之意思，也可作「禮」
之解釋；但若就同爻詞句之意解，出現在各爻辭中之「豐」字，仍以

「豐盛」之意解之為佳。

再說「亨」字，在六十四卦中，共有四十八見之多。事實上，在甲骨之卜辭中，「亨」、「享」兩個字，其形、義均可互通。依《周禮・春官》記載：「大宗伯之職，掌建邦之天神、人鬼、地祇之禮，于天神曰『祀』，人鬼曰『享』，地祇曰『祭』」。由此可證，「亨」或「享」，在古代都有專指祭祀祖先之義。「亨」字在《易經》卦爻辭中多見之現象，可能與古人神道設教之本意有關。據楊志剛研究指出，重視祭祀是三代文化中的一個共同之處，然而比較言之，殷人之重視祭祀又遠勝於夏人和周人；祖先神在殷人信仰世界中，地位相當重要。[7]據禮書文獻之記載，在上古時代，不管是國家社會，或一般社會大眾，大家對於奉祀鬼神之類的宗教信仰活動，都是相當重視的。尤其是，當朝天子透過祭祀活動，更可凸顯其帝位法統的正當性與主持祭祀的獨攬權，還可藉此祈求上帝祖先對其王族的庇佑與福報。另外，從出土甲骨卜辭所見到的物證，可以顯示商族之祭祀活動，具有高度之週期性及依賴性，其祭祀之頻率及祭品之豐盛，都是相當令人歎為觀止。從本卦之卦名「豐」，與卦辭之「亨」，更加顯示「祭」與「禮」之緊密聯係性（Correlatives），從此也可以看出，「祭禮」列為古代「吉禮」之首的原因所在。

再來談「旬」字。以「旬」為期之祭法，可說是殷朝最為特別的一項祭祀活動之代稱。商代祭祀先王、先妣之儀式活動，是循太陽曆而舉辦，一年三百六十五天，可有三十六旬或三十七旬之彈性週期安排，這種特殊而週期性之祭祀祖先，可以統稱為「旬祭」。以商代後期為例，當時享受祭祀之祖先，就有五十多位先王、先公、先妣。這項祭祖禮儀，是以五種不同祭法或祭品，依歷代祖先之世代先後，及以日干謚名之日序，分旬分組並輪番舉辦隆重的祭祀活動。商代君王之祖先謚名，可簡稱為「甲名」或「干名」，這應該是依甲至癸、十

天為一旬之誕生日干，進行封諡而得名的。從現有歷史文獻或出土文物中，尚無發現類似殷墟甲骨卜辭中，所記述的祭祀名稱、週期與祭品之內容。據學者研究指出，周代之祭祀祖先活動，依祭祀目的及週期等項標準，可以分成常祀祭與臨時祭兩種。[8]常祀祭應該是指四時之祭，而臨時祭則是指祫、禘之祭。對照商朝特有之「旬祭」，也可看出在祭祀祖先之禮儀制度上，商、周兩朝存有顯著之不同特點。

　　針對殷墟出土卜辭中的五種祭祀祖先之稱法，歷來至少已出現四種不同之名稱，包括：董作賓稱它為「五祀統」，陳夢家稱為「周祭」，許進雄稱為「五種祭祀」，而日本學者島邦男則稱之為「五種祀典」。其中陳夢家所稱之「周祭」，常玉芝認為要比董作賓的「五祀統」稱法，更能為學術界所接受。[9]事實上，在常玉芝《商代周祭制度》一書第四章「周祭的祭祀週期」內容中，從其所舉商代卜辭之圖版與釋文看來，有極大部分都以「旬」，作為祭祀週期的一大特色。因此卜辭中的五種祭祀之統稱，理應以「旬祭」為優，何況在《易經》「豐」卦之爻辭中，也已敘明「遇其配主，雖旬無咎，往有尚」，這與卜辭之受祭對象及以旬為祭祀分組，在觀念與邏輯上，頗能相互作對應。

　　殷墟甲骨出土數量相當多，據常玉芝指出，研究商代週祭制度，主要是根據殷墟甲骨卜辭中的五種祭祀卜辭。這類卜辭黃組中數量最多，內容也最完整、最有系統；其次就屬出組保存得最好了。其他組卜辭或者沒有關於五種祭祀的紀錄，或者雖有而數量很少，又缺乏系統性。[10]另據劉源研究指出，商代後期祭祖儀式，可以分成有、無具體目的兩大類：沒有明確目的之祖先祭祀，主要見於初組、黃組卜辭中的周祭，有具體目的之祭祖儀式，其動機主要是禳祓和祈求。[11]商代祭祖以先王、先公、先妣之甲名為序，週期以一年三十六旬，或三十七旬為基準，因之以「旬祭」為名，較能吻合當時之名實。再者，學者以「周祭」作為商代特有的祭祀祖先之名稱，似有商榷之餘地。因為

「周祭」與「週祭」，在文字用法上，仍有一些差別；若從文字意義觀之，「周祭」恐有被誤認是「周代祭典」，因此容易造成觀念上的混淆。

豐其蔀，日中見斗

在六二與九四爻辭中，同樣都以「豐其蔀，日中見斗」起頭，從這兩句爻辭之描述，即可看出這項祭祀禮儀，是屬於最高規格的祭禮。「蔀」，席也；「斗」，帝王之象徵。「豐其蔀」，表示以席多為貴；「日中見斗」，表示祭拜先王、先妣之大典，必在中日吉時舉行。按照《禮記・禮器》之記載：禮有以多為貴者，例如天子七廟，諸侯五，大夫三，士一；而天子之席五重，諸侯五之席三重，大夫再重。由此可知，「豐其蔀」，表示禮器之數目，要以席多為尊貴。「蔀」字，意指祭席、宴席或酒席；臺灣話的「辦桌」，指設宴席以待客，而稱掌理辦桌之廚師為「總蔀師」，「蔀」音POH2。再者，「日中」，表示中日吉時；「見斗」，表示請出先王、先妣之神主牌位，以供時王之祭拜。「斗」可作「北斗七星」之代稱，《史記・天官書》記載：「斗為帝車，運于中央，臨制四鄉。」又曰：「斗為文太室，填星廟，天子之星也。」按，北斗有七星，其第五星為「衡」，其分野就在「殷中州河、濟之間。」由此推論，「斗」代表受祭的殷人先王、先妣。另外，在臺灣的傳統祭祀禮儀中，有「捧斗」者，這是指，嫡孫以雙手捧奉祖先之神主牌位，以此象徵祖先之神靈，已經降臨祭祀場所。

附帶一提的是，六二與九四爻辭是「豐其蔀，日中見斗」，而九三爻辭卻是「豐其沛，日中見沬」。「沬」，為朝歌之舊名，亦有小星之意。若以多重意義解讀「斗vs沬」，即有：「帝星vs小星；天上vs地上；先王vs末王」。這些文字用辭，就是明顯的對比寫照。另外「蔀vs沛」，則是「席vs幡」，兩者突顯祭壇布置及受祭對象有所分別。從卦

爻辭整體觀之，本卦具有以辦「慎終追遠」之事宜，用來詮釋祭祀祖先之禮儀。事實上，如果分開來看，「慎終」是指居喪，「追遠」是指祭祖；兩者所代表的祭法及意義，稍有不同。但是合併解讀的話，「慎終追遠」代表喪盡其禮、祭盡其誠，如此能把祭祖之禮完整地表現出來，如此才能達到曾子所說的：「慎終追遠，民德歸厚矣」，及以孝治天下之理想境界。

配主、夷主

本卦初九爻辭為「配主」，九四爻辭則是「夷主」。《逸周書・作雒》記載武王克商後，一連做了幾件重大決策，包括立王子祿父，俾守商祀；乃作大邑成周于土中；乃設丘兆于南郊，以祀上帝，配以后稷。其中，周朝舉行開國祭天大禮時，上帝是主神，配神則是周的始祖后稷。以此祭典為例，后稷之神位，就是所謂的「配主」。再以商朝宗廟為例，始祖契以下先王、先公、先妣之神主，都算是始祖契的「配主」。從殷墟考古發現之宗廟建築基址，尚無法見證宗廟到底設有幾座親廟或配廟。事實上，對於商朝宗廟制度，學界至今未有定論，如以《禮記・王制》鄭玄注，商代天子行六廟制度，也就是契與湯，及二昭、二穆。二昭、二穆，其實就是指考廟、王考、皇考、顯考四座親廟，這些親廟都算是「配主」之廟。

以甲骨文卜辭考證文字之源，馬如森就認為，「夷」字，象屈曲之人體，金文兮甲盤字形與卜辭同，亦作「尸」字。古音尸夷脂部疊韻，尸通夷。[12] 另考「尸」字，是一獨體象物字，字像人體屈曲之形，本義是曲體。尸與人通，尸與夷通用。[13] 由此論述可知，夷→尸→人，三字之字源關係頗為密切，況且古代祭祖時，就有以人扮尸，以尸象徵神主之意思表示。因尸通夷，由此可證，夷是神主牌位之意思。「夷

主」會在祭祖時出現，據此而知，「夷主」可能泛指遠祖之神主，但在本卦爻辭中，或許是指已逝紂王之神主。總之，從受祭對象觀之，「夷主」與同卦之「配主」，兩者顯有區別。

豐其屋，蔀其家，闚其戶，闃其無人，三歲不覿

《易經》各卦上爻之辭句，作者常有反諷之設計。「豐」卦本是用以盛讚祭祀祖先之禮，但是到了末爻，卻反成「豐其屋，蔀其家」。讀此字句，似在諷刺紂王在位時，他在朝歌建造別宮，璿室鹿臺、窮極奢華，這正是影響殷朝走向敗亡之原因。而「闚其戶，闃其無人」者，就是表示人去樓空，故人羽化而去。「三歲不覿」者，表示殷人別離紂王，不覺光陰已三歲矣。依照古禮，居喪三年後要舉行「祫祭」大禮，並將神主合祭於始祖之宗廟，藉此連結「慎終追遠」之祭祖全過程。

再者，以《史記‧宋微子世家》所載〈麥秀歌〉內容，拿來對照豐卦「闚其戶，闃其無人，三歲不覿」之爻辭，發現兩者之意象與情境，可說相當接近。據史料記載，商紂滅亡四年後，箕子朝周。《史記》記載：「箕子朝周，過故殷虛，感宮室毀壞，生禾黍，箕子傷之，欲哭則不可，欲泣為其近婦人，乃作麥秀之詩，以歌詠之。」這一首千古名詩〈麥秀歌〉，其內容如下：

> 麥秀漸漸兮，禾黍油油。
> 彼狡童兮，不與我好兮！

詩中所謂狡童者，即暗指紂王，論輩份，他是箕子的姪兒。

四　六十四卦之聯通

聖人以禮示之，故天下國家可得而正。在易經六十四卦中，以禮為主題，或以祭祀為意象者，至少就有：履、損、萃、升、困、革、豐、渙，等八個卦。以卦論禮，其中要以「豐」卦最為顯著而具體；另外「萃」、「革」、「豐」三個卦之內容，則與殷商祭祀祖先之禮儀相關問題，頗具密切之關係。要而言之，在祭祀祖先之氛圍內，「萃」，代表團結或會聚；「革」，代表改革或改變；「豐」，則代表豐厚祭禮。以「豐」卦言禮，已如前述各節內容，至於以「革」卦、「萃」卦言禮，則簡述如下：

革

「豐」卦之禮，似是專論殷商之祭祖禮儀，而其祭祀週期又以旬為據，從此可知當時是禮儀繁縟，實有失節制。因此古人說，儀繁則易疏，且禮以時為大。當時勢改變以後，若禮制還有不合時宜者，當然可以進行改革。「革」有改革（Revolution）或改變（Change）之意思。以「革」卦言之，它可能是聖人針對殷代祭禮之流弊，所提出的禮制改革建議。「革」卦之卦辭曰：「巳日乃孚，元亨利貞，悔亡。」又，六二爻辭曰：「巳日乃革之，征吉，無咎。」這些都是肯定改革祭禮的重要理由。事實上，以殷代「旬祭」為例，其禮制確實顯得相當繁雜，依卜辭所見，一年就有三十六或三十七旬之祭禮週期安排，而祭品動輒數十、百頭大牲，甚至也用人牲者。但因時代已經推移前進了，大事也能給予適當改變，則對於社會國家，將會帶來正面的影響力。巳與祀通，「革」卦之「巳日」，應該就是指舉行祭祀之日而言。

從《易經》「豐」卦、「革」卦觀之,改革祭禮之制度,可能是因為
「殷下周上」後的一項大變革。

萃

「萃」,代表團結、會聚之意思。人能團結同心,做事才能獲得如
意吉祥。「萃」卦之辭曰:「亨,王假有廟,利見大人;亨,利貞;用
大牲,吉,利有攸往。」這表示君王與朝臣,都相聚於宗廟這一神聖之
場所,在祖先神明之前舉行祭祀典禮。透過祭祀之機會,君王以莊嚴
誠敬之心向神明稟報祈求,同時鄭重向大臣進行精神訓勉,號召眾人
要團結起來。「萃」卦之初六爻辭曰:「有孚不終,乃亂乃萃」;這表示
前次祭祀所陳述的信心誠敬,目前都已蕩然無存了。有始無終,信心
不足,做事當然會造成紊亂,因此必須透過祭祀大典,讓大家再度聚
集於宗廟前,並莊重陳述誠敬之心意。

五 結論

《易經》用字,常有一字雙關,或出現異文之現象,「豐」字即為
一例。考釋甲骨文字形,上古時代之「豐」、「豊」兩字,似可相通。
準此,「豐」卦可以「禮」卦解之,而本卦之卦名,似以「豊」字為
佳。

鄒昌林認為六經皆禮,並強調中華文化就是根源於禮。他進一步
舉證說明《易經》亦是禮,他說《禮記・禮運》有一段孔子的話:「我
欲觀夏道,是故之杞,而不足徵也,吾得《夏時》焉。我欲觀殷道,
是故之宋,而不足徵也,吾得《乾坤》焉。《乾坤》之義,《夏時》之
等,吾以是觀之。」《乾坤》是指《周易》這部著作而言。[14] 羅振玉曾

經提出，殷商禮制徵之卜辭，其可知者有六端：曰授時，曰建國，曰祭名，曰祀禮，曰牢鬯，曰官制。[15]對照殷墟甲骨卜辭之內容，及解讀「豐」卦爻辭之意象，即可印證「禮」在《周易》書中的存在事實。

王國維結合甲骨卜辭及歷史文獻，考證殷商帝王世系之成果，因此被公認是研究歷史「二重證據法」的前輩學者。據王愛和研究指出，商朝王族的政治優勢，是通過王者壟斷多層宇宙的一條垂直軸線，也就是靠祭祖通神而獲得的。[16]從考證眾多甲骨卜辭，及豐卦之卦辭內容中，可以理解商王親自進入祭場，並靠祖先祭祀而獨佔天人交往權。再者，「慎終追遠」是弘揚孝道精神的文化傳統，在「豐」卦爻辭中，已有相關禮制之詮釋。此外，「豐」卦爻辭之「旬」字，與甲骨卜辭之「旬祭」，兩者在意義上可謂相同，這是殷人最為特殊而獨有的祭祀禮儀。

注釋

1 周憲文：《論語新研》（臺北市：周憲文先生遺作出版委員會，1999 年），頁 65-67。

2 羅振玉：《殷虛書契考釋》文字弟五（臺北縣：藝文印書館，1975 年），頁 38-39。

3 中國社會科學院考古研究所編：《甲骨文編》（北京市：中華書局，2010 年），頁 222-223。

4 王宇信、楊升南、聶玉海主編：《甲骨文精萃選讀》（北京市：語文出版社，1996 年），頁 12, 264, 336, 358。

5 《漢典》網：www.zdic.net。

6 吳新楚：《《周易》異文校證》（肇慶市：廣東人民出版社，2001 年），頁 150。

7 楊志剛：《中國禮儀制度研究》（上海市：華東師範大學出版社，2001 年），頁 64-65。

8 劉源：《商周祭祖禮研究》（北京市：商務印書館，2004 年），頁 47。

9 常玉芝：《商代周祭制度》（北京市：中國社會科學出版社，1987 年），頁 6。

10 常玉芝：《商代周祭制度》（北京市：中國社會科學出版社，1987 年），頁 8。

11 劉源：《商周祭祖禮研究》（北京市：商務印書館，2004 年），頁 119。

12 馬如森：《殷墟甲骨文引論》（長春市：東北師範大學出版社，1993 年），頁 547。

13 馬如森：《殷墟甲骨文引論》（長春市：東北師範大學出版社，1993 年），頁 504。

14 鄒昌霖：《中國禮文化》（北京市：社會科學文獻出版社，2000 年），頁 15-25。

15 羅振玉：《殷虛書契考釋》禮制弟七（臺北縣：藝文印書館，1975 年），頁 53。

16 王愛和：《中國古代宇宙觀與政治文化》（上海市：古籍出版社，2011 年），頁 92。

第十六講
淺釋易經巽卦

一　前言

　　歷來對於《易經》六十四卦經文之解釋，統稱為傳，其中似以《十翼》為最早。《周易》因經、傳並存，不但最為知名而廣為流傳。但是《十翼》之作，在時間上與經文相距至少有五百年以上之光陰，因時間距離與方言使用上的不同，往往也會對卦、爻辭之解讀，造成很大之偏差，這也是後人解釋《周易》最常遇到的困擾。本文試以語言文字之研究方法，探索六十四卦經文之本意。以下針對《易經》「巽」卦，並依照卦爻辭之解釋、關鍵字辭之解釋、六十四卦之聯通，三個段落順序，分別撰述個人鄙見，並就教於方家。

二　卦、爻辭之解釋

卦辭：巽：小亨，利有攸往，利見大人。

譯文：如風一般地吹動，以便能傳播政令訊息，可得到小的福澤；此
　　　　時行住辦事會有益處，也適於賢明官員表現的時機。

初六：進退，利武人之貞。

譯文：進退或攻守，一切行動都要遵從號令，這才是有利於軍人帶兵

作戰的智慧。

九二：巽在床下，用史、巫， 若，吉、無咎。

譯文：風要適當地吹在蒸籠炊具之下端，這是萬民用來生火蒸煮食物的爐灶所在，這個吹風生火之動作，就像當政者要聽取史、巫官員的建言，並時常向人民百姓傳達政令信息，這將會是一項吉利的舉動，應該不會有所差錯的。

九三： 巽，吝。

譯文：如果政令宣傳太過於頻繁，甚至有朝令夕改的情形，那就像人的身體與財物要不停遭到強風侵襲，這是很不好的現象。

六四：悔亡，田獲三品。

譯文：在田野中，能捕獲屬於三品之類的兔、鼠、蛇，雖然這些只算是小小田獸，但能有所獲得而不致於白忙一陣子，也就不會感到遺憾了。

九五：貞吉，悔亡，無不利。無初有終，先庚三日，後庚三日，吉。

譯文：做對的決策將得吉，不會造成後悔，不會帶來不利。如果政令中途要更動的話，需有事前的叮嚀及事後的檢討，雖然沒有一個正確的開始，但其結局將會是令人滿意而帶來吉祥的成果。

上九：巽在床下，喪其資斧，貞凶。

譯文：過分在蒸籠炊具之下端吹風送氣的話，一定會浪費較多的薪材燃料，也會對使用的炊具造成傷害損失，這是不智之舉，也會帶來凶兆的後果。

三　關鍵字辭之解釋

巽在床下

　　「巽」、「床」兩字，正是解讀本卦全文之最大關鍵，如能藉助臺灣話對此古漢語進行考釋，即能順利讀懂本卦之原本意象。「巽」，是《易經》原始八卦之一，象徵自然界的風，有入之屬性。「巽」音，唐陸德明《經典釋文》注為「孫間反」，宋《廣韻》注為「蘇困切」，現在的臺灣話讀成 SENG₃，與《經典釋文》之注相合。「巽」與「煽、先、線」各字，臺灣話的讀音相同，似一轉音字。[1]臺灣話是古漢語的活化石，連橫認為，臺灣語言多傳自漳、泉，顧其中，既多古義，又有古音、有正音、有變音、有轉音。[2]「巽」卦象徵自然界的風，風又為空氣之流動所造成，因此在俗語中，就有君子之德風、地方之風俗、風氣，等等衍生之辭意。臺灣人聽到「巽東風」之話，知道是年輕人結伴去兜風的意思，而「巽到風」，又是指一個人因受到風寒而感冒。因「巽」之意象為風、入，反應在群體社會之日常生活中，即有宣傳、傳播、傳達、發號施令、侵入破壞之象徵，這些都與「風」與「入」之意涵有密切關係。

　　日治時代出版的《訂正臺灣十五音字母詳解》一書，標明「床」之臺灣話讀音有二，一為眠床之「床」（出秧），讀音如「倉」（CHUNG₆）；一為籠床之「床」（時秧），讀音如「繩」（SHUNG₆）。[3]另見《閩南話考釋》一書，亦解讀蒸籠之閩南語讀音，如籠「牀」（tsŋ下平聲），並引用安徽方言，謂竹器蒸籠為「籠牀」。[4]床、牀通用，客家話亦有「籠床」之稱法，而其讀音和臺灣閩南話，頗為接近。臺灣話一直沿用「籠牀」一詞，現在臺灣人過年蒸年糕、喜宴辦桌蒸肉、

平時蒸饅頭，也都是用此籠牀。總之，「巽」卦爻辭所用之「牀」，應意指蒸煮炊具籠牀之「牀」為是。

喪其資斧

本卦上九爻之「資」為資材，指生火用之燃料。斧與釜通，而釜又與鼎、鬲、甗、甌通，這些蒸煮炊具，都是上古時期的民生器具。憑經驗可以告訴我們，如果在擺放鍋子、蒸籠等爐灶之下端，太過於用力或不當地吹風送氣，就會產生風勢太猛而火焰強大，那必然也會浪費較多的薪火材料，而對炊具也會造成莫大的傷害與損失。喪，傷也，臺灣話讀音如「凶」（SHIUN₁），含有傷害損失之意思。

田獲三品

在傳統中醫文獻《本草經集注》中，即有「蟲獸三品」之目，三品雖有上、中、下之分，但如以「大人」以下人員所能獵捕者，應以下品之屬，如兔、鼠、蛇之類為限。因為上古時代，騎射、打獵本是皇家貴族之娛樂與特權，而基層官員與百姓，也只能用追捕方式，在田間抓些較小的獸物野味了。事實上，他們在田野追拿獵物時，像兔、鼠、蛇這些小田獸躲進洞穴後，獵人就必須以燻煙搧風方式，才能將它們從洞穴中驅趕出來，如此也才有機會獵捕到它們。臺灣話戲稱那些才能低下者為「三流」，例如三流理髮師、三流設計師、三流音樂家、三流演員等等，因為他們的功夫尚未到位，他們還沒有獲得真才實學之故；同理，「三品」也含有下品之比喻。人們藉「搧風」動作而捕抓田獸，即含有依靠「巽風」而獲得獵物之意思，而六四爻之「田獲三品」，也算是與前面之卦辭「小亨」作出呼應。

先庚三日，後庚三日

《釋名》是漢劉熙編著的一本訓詁書籍，他對古文字推揆事源，在〈釋天〉篇中，把甲、乙、丙到辛、壬、癸的十個天干順序，考釋為象徵萬物生成的十個完整過程，其釋文如下：

> 甲，孚也，萬物解孚甲而生也；乙，軋也，自抽軋而出也；丙，炳也，物生炳然皆著見也；丁，壯也，物體皆丁壯也；戊，茂也，物皆茂盛也；己，紀也，皆有定形可紀識也；庚，猶更也，庚堅強貌也；辛，新也，物初新者皆收成也；壬，姙也，陰陽交物懷姙也，至子而萌也；癸，揆也，揆度而生乃出之也。[5]

從以上釋文可知，在萬物生成的十個順序中，庚排在第七位。以鳥類為例，「甲」是處於孵蛋階段，「乙」是雛鳥破蛋而出，「丙」是小鳥翅膀長成；等小鳥成長到了「辛」階段，就表示它已發育成熟，可以進行配對成雙了，然後「壬」是交配受孕，而「癸」則是產下愛的結晶。蛋生下來就要脫離母體去面對新世界，此時代表父母親的一生任務也已經完成，而新生蛋也要再被孵化，親子準備各自進入另外一個生命週期。生物從出生、茁壯、到成熟、婚配、羽化，中間會經歷一個脫胎換骨的過程，這一階段的變化，就有如鳥類換毛、蛇類脫皮，而人類也有「女大十八變」之說。「庚」有更動之含意，且會讓人變得更堅強，這是一個萬物生長階段的轉捩點。爻辭曰「先庚三日，後庚三日」，也就是從第四位的「丁」，經過第七位的「庚」，到第十位的「癸」，看來似乎日日相連，但只有四、五、六、七、八、九、十，一共七個過程，卻沒有開端的一、二、三，因此爻辭曰：「無初有

終」。爻辭以庚為中心，前有丁、後有癸；「丁」有茁壯及叮嚀含意，而「癸」有揆度檢討，及羽化進化之意思。人間社會為了把事情辦得更好，因此就有官對民、上對下、尊對卑，不斷的做出諄諄訓示與檢討改正之動作，這也是大自然界無私、無情的風，對於萬物的一種施惠與摧殘象徵。

四　六十四卦之聯通

　　《易經》六十四卦，看似卦卦獨立，卻也在卦象及卦、爻辭之間，存有一些關聯或旁通關係，而認識六十四卦之聯通，確實可以幫助解讀經文。以卦象而言之，與巽卦有聯通者，為兌卦。巽卦與兌卦皆屬重卦，巽卦之卦象，巽上巽下；兌卦之卦象，兌上兌下。巽卦與兌卦之聯通，一般認為兩卦屬於綜卦與錯卦之關係；若從兩卦之對比關係而言，巽卦有風、入之意象，兌卦則有澤、悅之意象。事實上，巽為風之吹入、傳播，並由上而下、強對弱作單向之傳送；而兌為澤水之滋潤、溝通，是彼此間的互通、對話、取悅之關係。

　　另外從卦、爻辭而言，與巽卦關聯者，有剝卦、旅卦、解卦、蠱卦，茲分別舉其關鍵字辭來作說明。

剝床

　　在剝卦之爻辭中，分別有「剝床以足」、「剝床以辨」、「剝床以膚」之辭。這些剝卦爻辭，已經更深入而具體地描述古代「床」之意象。在出土的上古器物中，鼎、鬲、甗、甑就是當時的烹飪器，它可以用來煮肉、煮米、煮麥、煮各種食物。甗、甑可以直接用來蒸煮食物，或架在鼎、鬲炊具上使用。根據專家考證，古時候用甑作為蒸

飯器具，它類似今天的籠屜，直口或口邊向外翻捲，立耳、平底，底部有十字孔或直線孔可以通氣，使用時，將米放在甑內，先在鬲中加水，然後把甑放置於鬲上。[6]事實上，甗、甑或籠屜，應該與今天臺灣所見到的蒸籠，在器物結構與蒸煮功能上是相似的，只是材料或形狀略有改進而已。從此我們可以推論，巽卦、剝卦爻辭中的「床」，正是臺灣話所稱的「籠床」之簡稱。觀之剝卦「剝床以足」、「剝床以辨」、「剝床以膚」之爻辭，似乎在陳述君子或好人，會因他們過於軟弱而被小人剝削與欺侮；如果有人要剝奪你的食物，最後竟連烹飪器也要拿走，那將是一件很不幸的遭遇了。

資斧

在旅卦九四爻中，有「得其資斧」之辭，資斧兩字，似可與「巽」卦之字意相通，但爻辭「得其資斧」之意思，也有另指人在旅途中，必須要獲得足夠的旅費盤纏。

三狐

參見「解卦九二：田獲三狐」之爻辭，可理解此一「田」字，應含有田野或戰場之意思。作者卻改「三狐」代之，聖人似有貶稱「叛將三人」之喻，或許他們就是在戰場上攜械投降的敵方人才。按，解卦似有讚文王興周之吉象，因他曾田于渭水之濱，而呂尚、散宜生、黃飛虎三人之歸依周營，就是他陸續從殷商陣營中所獲得的棟梁，後來他們終於輔佐武王翦商而立大功。

先甲三日，後甲三日

　　相較於巽卦的「先庚三日，後庚三日」之爻辭，蠱卦另有「先甲三日，後甲三日」之卦辭。比較巽卦與蠱卦之卦象，其相同處在於內卦都是巽。但兩卦之外卦卻不同，巽卦之外卦仍為巽，有風、頻之意象；而蠱卦之外卦則是艮，有山、止之意象。在蠱卦「先甲三日，後甲三日」之卦辭中，甲，孚也，象徵萬物解孚甲而生，就像孵蛋而小鳥才能生出來一樣。人的生命開端，也是從卵子受孕後，經過母親身懷六「甲」才開始的。人在成長過程中，以甲、乙、丙、丁代表生命之早期；而辛、壬、癸就代表生命之後期。據《正韻》解字：「癸者，歸也」；《爾雅・釋天》：「月在癸曰極。」從甲到癸十個日序，代表一個生命的完整歷程，並反映人生在世的生、滅旅程。因此，「先甲三日，後甲三日」，可以比喻為出生前與出生後的經歷過程。甲，用在殷曆旬日之順序，就是排在第一位；而依照旬日排序，先甲三日為辛，後甲三日為丁。在蠱卦之卦辭中，有結尾「辛、壬、癸」三個數，及起頭「甲、乙、丙、丁」四個數，卻沒有五、六、七中間「戊、己、庚」三個數，即表示生命跳空，這是一種人生遺憾。

　　蠱卦似有隱喻伯邑考救父之故事，伯邑考是文王姬昌之長子，為了營救身陷囚牢的父親，他親赴殷商之都邑朝歌，但其結局卻是犧牲掉一個寶貴的性命。他的短暫生命，雖然是有開始、也有終了，卻沒有最輝煌的中間那一段。據史料記載，文王後來被放出而興周，接著由武王滅商而建立周朝，伯邑考雖身為長子，卻已無緣繼承王位了。在此爻辭中，似已透露出一點玄機，因為他缺少生命過程中的「戊、己、庚」三個要素。庚，更也，在伯邑考一生命運中，缺少一個「庚」字，表示他無緣變更身分而成為帝王。反觀巽卦之「先庚三日，後庚

三日」，在同一爻辭內容中，特別提到「無初有終」，這又代表風的
特性，它可以來無影、去無蹤。風因氣流差異而千變萬化，人們常不
知風之源頭起自何方，但它卻會對地球上之萬物，造成嚴重傷害之後
果。因此，以「丁到癸」七個日序，象徵性記錄陣風的蹤跡與結果，
至於有沒有起頭的「甲、乙、丙」三個階段，顯然不是很重要的了。

五　結論

　　《易經》六十四卦，是由八個本卦演變而成，統稱為別卦，每一
別卦各含有一個由上下兩卦、六個爻組合而成之卦象。其中卦名與本
卦相同八卦：乾、坤、坎、離、震、艮、巽、兌，因其上、下兩卦相
同，所以含有重複與多次動作之意象。以巽卦為例，除含有和風吹入
之自然特徵外，有時還會有強風頻頻吹打之不良後果。在自然界中，
對於風之特性與名稱很多，例如：涼風、熱風、徐風、疾風、颶風、
颱風、東風、西風、南風、北風、西北風……。植物靠風傳播花粉而
受益，動物因風勢與風向之不同，而心生警惕。萬物都怕強風，因
它常常造成人員與財物上的重大損失，例如臺灣的颱風、美國的龍捲
風，都是當地人民最懼怕遇到的天然災害。俗話說君子之德風，因此
執政者在思考政令宣傳時，必須要掌握巽卦之特徵，在人員、次數、
時間之規畫上，都要能掌控得宜，這樣才能真正發揮宣導的最好效果。

　　《易經》因字簡而難懂，歷來眾多研易學者，一直都希望透過各種
研究方法，能夠對卦辭、爻辭有所發明。本文嘗試佐以臺灣話、商周
歷史及傳統中醫觀念，以解讀巽卦之原意。其中對於爻辭中，最具關
鍵性的「剝床以足」、「喪其資斧」、「田獲三品」、「先庚三日，後庚三
日」等字句，分別提出個人的粗淺看法，希望對於象數與義理之深化
研究，會有一些助益或啟發。

注釋

1 廖慶六：〈《周易》問字：為臺灣話找字〉，《國文天地》311期（2011年4月），頁46-52。

2 連雅堂原作、姚榮松導讀：《臺灣語典附錄〈雅言〉》，（臺北市：金楓出版，1987年），頁153。

3 臺灣總督府民政部學務課編：《訂正臺灣十五音字母詳解》（東京市：相川尚清，1901年），頁95。

4 洪乾祐：《閩南話考釋》（臺北市：文史哲，1992年），頁230。

5 《釋名》八卷，《四部叢刊・經部》（上海涵芬樓影印明嘉靖本）。

6 呂見文：《中國古代宴飲禮儀》（北京市：北京理工大學，2007年），頁75-77。

附錄
周易問字：為臺灣話找字

一　前言

在日常生活中，常聽人提及臺灣話有很多是有音無字，在電視字幕與流行歌曲的歌譜上，也常常見到一些莫名其妙的自創俗字或別字。在時下臺灣流行文化現象中，年年也都有一些時尚而怪異文字出現，例如：秀（show）、酷（cool）、冏、夯、踹共、趴（percent）。對於臺灣方言的迷思存在已久，雖然坊間出版不少臺灣話字典，近年來臺灣學研究更是熱鬧火紅，但是對於一個臺灣方言名稱問題，仍然是各說各話，包括福佬話、閩南語、臺灣話、臺語，到河佬話、河洛話、鶴佬話、古漢語等等。

臺灣話源自閩南語，閩南語又有泉州音、漳州音、廈門音、潮州音、海南音之分，過去學習閩南語的音韻字書，大致以十五音為主。[1]臺灣話有音無字？並不盡然。在另一方面，顯得頗有意思的是，因臺灣話所用的音韻較少，經過語言學者專家考證後發現，臺灣話原來是漢語古音的活化石。歷代所編制的韻書，如切韻、廣韻、十五音、注音符號[2]，其聲韻數目卻各有差異；事實上，各種韻書都無法涵蓋各地方言的聲與韻。由於臺灣話所用的音韻數目較少，因此我們必須為看似失傳的臺灣話找文字，但也要為傳統的古漢字找回聲音。

臺灣話因含有二、三千年前古音而難懂，因此曾被譏為南蠻鴃舌

之音，《易經》則是一部成書於三千年前的古老著作，同樣被後人認為
聱牙難懂。事實上，從古至今，歷代應用《易經》，談論《易經》、研
究《易經》、注釋《易經》的人物與著作，可謂汗牛充棟。把《易經》
加上《十翼》內容，就是一部經、傳合編的《周易》，這是一部集古
聖先賢智慧的文化瑰寶。孔子曾經講過一句名言，他說五十歲得以學
易，就可以無過矣；研讀《易經》，使孔子五十而知天命。

　　《周易》內容反映在日常生活中，但是百姓日用而不知。當古老遇
到古老，當臺灣話走進《周易》文字世界，即可聽到三千年前親切而
古老之聲音。期盼藉此千載如影相隨之特殊機緣，可以碰撞出令人驚
豔的智慧火花。本文試以傳統的聲韻字書為依據，並借助專家在聲韻
學上的研究成果，進行初步探索《周易》文字的聲音與意義；並隨時
請教熟習臺灣話的長者，以及對《周易》素有研究的學者專家，進行
相關的查核論證。

二　周易是中華文化瑰寶

　　《周易》是一部成書相當早的中國古籍，因其內容充滿著哲學與智
慧，因此被儒家奉為群經之首，道家舉為三玄之冠。事實上，聖人制
易具有多方位的應用功效，懂得如何運用者，可包含：「言者尚其辭、
動者尚其變、制器者尚其象、卜筮者尚其占。」《周易》被應用於風水
卜占、修道煉丹、勵志訓育，各取所需。以卜筮一道為例，大家相信
可以導愚解惑，教人趨吉避凶，從古至今，此道已深植於華夏民族日
常生活而不墜。《周易》六十四卦，有卦圖、卦序，具有「非覆即變」
之易學通例。[3] 劉大鈞教授曾經說過，《周易》讀起來詰屈聱牙，非
常難懂；而後人的「注」也非常多，注中有注，因此今天我們讀的注
文，往往就是「注」的「注」的「注」的「注」。[4]

　　《周易》卦辭內容，具有聱牙難懂、辭句簡略之特色，加上有異朝曆法、歷史典故穿插其間，但它不失為中華文化之瑰寶。三千年前的《周易》，其文字聲韻雖然聱牙難懂，但我們仍然能夠透過臺灣方言，將《周易》古音一字一字考證出來，因為歷史悠久的臺灣話，仍以活化石方式一代一代被保存下來。

　　古代文字數量較少、古音也比現在的聲韻少，但一字多音、多形、多義之現象，卻比較普遍。讀古書要先弄懂古音，要研讀古代經典書籍，當然要先學小學、聲韻學。如果臺灣話是漢語的活化石，那麼弄懂臺灣話，當然也可以破解古音密碼，才能有效幫助讀懂古書。古籍《周易》確實難讀、難懂，而古音又是進入《周易》知識領域的第一道關卡，臺灣話與《周易》，既然同屬中華最古老文化之一員，兩者關係至為密切，兩者可以相得益彰。

三　臺灣話是古音活化石

　　臺灣話是漢語古音的活化石。近世以來，諸多語言學家對各地方言之研究，屢有專著呈現。章太炎首先介紹揚雄《方言》之作，於是言方音者，初知其概。其弟子胡以魯為《國語學草創》，已知福建、廣東之漳、泉及嘉、潮各地方，因別具語言特色，雖詰屈聱牙，然有中原古音，猶有作化石而保存者。[5]姜亮夫曾引述錢大昕《十駕齋養新錄》論舌上、舌頭音，認為古無舌頭舌上之分，「知」「徹」「澄」之母，以今音讀之，與「照」「穿」「牀」無別也，求之古音，則與「端」「透」「定」無異。[6]例如陳、許兩個姓氏，臺灣話因保留古音，將「陳」唸成「田」（TAN5），將「許」唸成「苦」（KHO2）。[7]

　　葉夢麟稱臺灣話是音韻學的寶藏，取之不盡。[8]他綜合前人研究成果佐證臺灣話，認定漢語古音應存有四個特殊現象：古無清唇音

「ㄈ、万」，如「非、敷、奉、微」諸紐；古無舌葉音「ㄓ、ㄔ、ㄕ、ㄖ」，如「知、徹、澄、日」諸紐；古無促口音「ㄩ」，如「魚」韻；及古無舌上音「ㄐ、ㄑ、广、ㄒ」，如「見、溪、羣、疑」諸紐。[9]他舉例說明古無舌上音，在唐僧守溫作三十六母，其中「見、溪、羣、疑」諸紐，古人讀舌根音「ㄍ、ㄎ、ㄍ濁、兀」。今天在臺灣話當中，「見」母字，是讀剛聲的「ㄍ」音，不讀柔聲的「ㄐ」，例如九（KAU₂）讀音如「狗」；「溪」母字，是讀剛聲的「ㄎ」音，不讀柔聲的「ㄑ」或「ㄒ」，讀柔聲者，非古音也。[10]若綜合以上姜、葉兩位研究古音之見解，《周易》中的震卦、咸卦名稱，「震」應讀如「陳」（TAN₅），「咸」應讀如「幹」（KAN₃）。[11]

四　從元亨利貞說起

　　《易經》教人知識、啟發智慧。打開《周易》一書，除六十四卦之卦畫與卦名外，首先進入文本內容的就是卦辭，其中又以「元、亨、利、貞」四字排序最前。在六十四卦之卦辭中，同時含有「元、亨、利、貞」四字者，只有七個卦：乾、坤、屯、隨、臨、无妄、革。其它五十七卦，也有單用一字，如元、亨、利、貞，或合用兩字，如元亨、利貞，以作為各卦占斷之用辭者。

　　考《周易》之卦、爻辭，通常含有占斷與兆象之句型結構，其辭句短略，含義簡賅，讓一般卜筮、玩易者，能有比較寬廣的解讀與想像空間。古書一字多音、多義，音同而通借，這種現象頗為常見；在「元、亨、利、貞」四字中，利、貞兩字就是一個例字。事實上，「元、亨、利、貞」四字之讀音，雖與一般方言之讀音較少差異，但是若以臺灣話讀「元、亨、利、貞」，更能明確解讀《易經》之辭句，更能充分吸收《易經》之智慧。換言之，若能以傳統古音的臺灣話研讀

《易經》，將可增加認識《易經》卦、爻辭之旨趣，並融會貫通《易經》之意涵。

　　一陰一陽謂之道，聖人制易，就是要統天、地、人三才之道。「元、亨、利、貞」，元為天、為時，亨為神、為人，利為地、為方向，貞則是人們經由觀天法地，遵乎自然所產生的智慧。臺灣話「亨」，讀音如「興」（HIENG1），臺灣話稱讚「神亨」，表示一座廟宇所奉祀的神明，一直都很靈驗。臺灣話說「有利」，「利」讀音如「內」（LAI7），表示某一年之流年座向，最有利於進行奠安、破土、安葬等大事。臺灣話稱讚別人「真貞」，「貞」（TSIEN1），表示讚許別人很聰明、很有智慧的樣子。臺灣名人王貞治、蘇貞昌，他們姓名中之「貞」字，正有期盼聰明與智慧的意思。

五　從卦名尋找古音

　　基本上，《周易》六十四卦內文都能以臺灣話通讀，但有少數古音，比較容易引起誤讀或疑義者，特依卦序舉出數卦，並簡要說明如下：

（一）蒙卦：序卦傳曰：蒙者，蒙也，物之穉也。

　　考「蒙」字之聲韻，《廣韻》為「莫紅切」。「蒙」字，有昏昧無知之義。長輩以臺灣話「蒙蒙」，以「蒙」（MON3）取笑他人時，意思是指那個人很幼稚、昏昧無知，含有罵人糊里糊塗，需要再教育、學習之意思。

（二）蠱卦：蠱，惑也。

考「蠱」字之聲韻，依《增註十五音》沽上上聲、古字韻，蠱讀音如「估」（KOO₁），與「古、枸、股、鼓、罟」等字同音。「蠱」字，有敗壞、迷惑之義，也有熟女迷惑少男之現象。《春秋左傳》昭公元年：「趙孟問何謂蠱，對曰淫溺惑亂之所生也，於文皿蟲為蠱，穀之飛亦為蠱。」農村子弟都知道，米缸之米放太久了，就會生小蟲，對此米蟲「蠱」，臺灣話讀成「龜仔」（KOO₁ A₄）。其實此「蠱」（KOO₁）非彼「龜」（KOO₁），只是音近而已，因為稻米放再久，頂多是長出小米蟲，卻不會變出一隻大烏龜。

（三）賁卦：序卦傳曰：賁者，飾也。

考「賁」字之聲韻，在《廣韻》為「彼義切」，另有「肥」（ㄈㄟ）、「汾」（ㄈㄣ）、「奔」（ㄅㄣ）三音。臺灣話「賁」（PHUI₃），胡安德國音註「賁」為「ㄆ一、第四聲」，光明華飾也。[12] 沈仲濤《華英易經》，英譯為「PI」。[13] 現代國音字典，將「賁」註音為「必」「ㄅ一、第四聲」，若依古無輕唇音，則「ㄅ一」也應轉音成「ㄆ一、第四聲」。[14] 易卦「賁」字，有文飾、吹噓之義。對於喜歡吹噓、誇讚自己的人，臺灣人習慣上都以臺灣話「臭屁」稱之。其實臺灣話「臭屁」之「屁」（PHUI₃）字，應更正為「賁」（PHUI₃）才對，因為這樣說起話來，既文雅又古典，也不會因髒字「屁」，而無辜被人告進法院。

（四）離卦：序卦傳曰：離者，麗也。

考「離」字之聲韻，《廣韻》為「郎計切」，讀音如「荔」，臺語荔枝之「荔」（LAI7）。易卦「離」字，有麗、明之義。離卦（離下離上），象傳曰：明兩作，曰離。離卦之明，就是指白天的太陽強光。中午之後的太陽光特別明亮、炎熱，所以臺灣話，有人形容它為：「日頭真離」；「離」（LAI7）、「利」（LAI7），音與義皆合。

（五）睽卦：序卦傳曰：睽者，乖也。雜卦傳曰：睽，外也。

考「睽」字之聲韻，在《廣韻》為「苦圭切」。依《增註十五音》規上平聲、規字韻，「睽」讀音如「虧」（KHUE1）；與文魁之「魁」，發音亦相同。象傳曰：「睽；君子以同而異。」兩個君子相爭，會有同中求異之比較。臺灣話的相「睽」，只發生在好朋友笑談之間，彼此以目光瞄視，以言語互相激勵，但氣氛仍能保持和諧。「虧」與「睽」音同義不同，但兩字常被混用。《周易》鼎卦另有一「虧」字，是指月有盈虧，此「虧」為月光漸失之義。

（六）夬卦：序卦傳曰：夬者，決也。

考「夬」字之聲韻，與臺灣話「怪」（GUAI3）相似。易學具有「非覆即變」之通例，我們可以從「乾卦→姤卦→夬卦」，得到一個印證。乾卦六爻全陽（乾下乾上），初爻變陰（初六），即變成一陰在下、五陽在上的姤卦（巽下乾上），姤卦之覆卦，就是五陽在下、一陰在上之夬卦（乾下兌上）了。這是一個最典型的「非覆即變」案例。

有人以臺灣話罵人「九怪」（KAU₁ GUAI₃），指的就是這個人容易變卦，態度行為捉摸不定，就像「乾卦→姤卦→夬卦」，變來覆去，沒有一個穩定性作風。其實這個口頭語「九怪」，正確用字是「姤夬」兩字才對。「姤」讀音，近似「狗」或「到」，可參見下一卦之說明。

（七）姤卦：序卦傳曰：姤者，遇也。

考「姤」字之聲韻，在《廣韻》為「古候切」。「姤」（KAU₃）之讀音，與臺灣話到位的「到」（KAU₃）相似；好友打牌時，若有人喊「到」，這表示他糊了，其實這是古音「姤」之聲。「姤」同「遘」，遇到之義也。「姤」卦與「夬」卦連序，而「姤夬」連聲，就如同「九怪」，其說如上。

（八）震卦：序卦傳曰：震者，動也。說卦傳曰：震為雷。

考「震」字之聲韻，象傳曰：「洊雷，震。」洊，《廣韻》「在甸切」。以臺灣話問人：「在」那裡？臺灣話因無「ㄓ、ㄔ、ㄕ」諸聲，求之古音，大都改讀成「端」母的「ㄉ」聲。所以，「在」那裡？臺灣方言就變成「ㄉ一」（DI₃）多位？同理震「在甸切」之聲韻，佐以古音發聲，應轉為「ㄉㄢ、第二聲」，與臺灣話「陳」（TAN₅）同音，「洊雷」或「震雷」，正吻合臺灣話的「陳雷」。再者，震，《廣韻》「章刃切」，轉成古聲如「ㄉㄢ」。審之「震」與「陳」之古音，一樣從「ㄉㄣ」轉為「ㄉㄢ」聲，兩字古音幾乎相同。總之，臺灣人都知道，「陳雷」就是打雷，因此音「陳」（TAN₅），就是「震」的古音。

（九）咸卦：雜卦傳曰：咸，速也。又，咸者，感也，含有陰陽相應、快感之義。

　　「咸」卦是易經下篇之首卦，咸卦（艮下兌上）之卦德，上兌悅、下艮止，兌為少女、艮為少男。卦象少男少女同處，孤男寡女同處一室，陰陽氣足就會觸動愛情感應。「咸」雖列為《廣韻》二〇六韻之一，但其音為「胡讒切」，今日國音讀「ㄒㄧㄢ、第二聲」，因古音無「ㄒ」，要以舌根音「ㄎ」代之；「咸」之臺灣話，讀音如「幹」（KAN₃）。咸、感，不但字義相通，連古音也可相通。姜亮夫引章太炎氏〈古雙聲〉一文，特別提醒探求古聲者，喉、牙為百音之母；夫喉、牙二音，互有蛻化；「咸聲為感」，即是牙音為喉音之一例也。[15]

　　放輕鬆研讀「咸」卦之卦辭及爻辭，可以發現六個爻辭充滿著羅曼蒂克氣氛，頗像是做愛動作之解說一般。例如六四爻：「貞吉、悔亡，憧憧往來，朋從爾思。」爻變發展至此，已是陽入陰位，陰隨陽意，此時不讓人遐思而進入限制級動作也難。事實上，「咸」卦是表彰純潔愛情最神聖的一卦，現在卦名竟被污名化了，也成為三字經國罵用字。事實上，「咸」（KAN₃）字，還在「臨」卦出現；臨卦初九、九二之爻辭，皆為「咸臨」。這兩爻與其對應的六四、六五之爻位上，也是陰陽道合，結果也都是位當而吉利的。有學者研究指出，道家對於《周易》之「既濟」卦，也認為很強調性意涵，而後世陸續出現的房中術諸書，更赤剌剌地描述性愛的各種姿勢。[16]

（十）巽卦：序卦傳曰：巽者，入也。說卦傳曰：巽為風。

　　考「巽」字之聲韻，《廣韻》為「蘇困切」；若依《增註十五音》

堅上去聲、見字韻，其音如「煽、先、線」。風是巽的本象，巽卦（巽
下巽上）之卦德，具有以柔道行剛道之意含。象傳曰：「隨風，巽。」
風之吹入、進入，當一陣風「巽」（SENG₃）入時，它是無時、無形、
又無蹤的。臺灣話稱「巽」（SENG₃）風，如年輕人喜歡「現東風」，
表示青年朋友一起到郊外賞風光、被風吹，唱出「當春風吻上妳的臉」
歌聲時，其內心之歡樂也無窮。

（十一）兌卦：序卦傳曰：兌者，說也。

考「兌」字之聲韻，《廣韻》為「杜外切」，國音註為「ㄉㄨㄟˋ、
第四聲」，臺灣話「兌」（DHUE₁）。「兌」卦（兌下兌上），以口、以
澤為象；兌為澤，澤中之水，可以滋潤萬物，讓人喜悅。又，兌者，
說也；兩澤相通，以言論說服他人之意。說話要有技巧、掌握時機，
才會亨通順利，這是雙方進行溝通的成功要領。做人不能花言巧語，
逢迎諂媚，或像小孩老是要糖吃，口中總是唸個不停，吵煩了，大人
就會罵他說：「壘兌嚟吵」。臺灣話「壘兌」（REI₅ DHUE₁），音如「雷
堆」，這種說話情境，頗似兌卦六三爻：「來兌，凶」，顯有不適合出來
講話的暗示性。

六　結論

望文生義、聞聲問字，臺灣人以母語臺灣話研讀《周易》，當然會
感覺更加貼切與親近，這對於傳承先人智慧結晶，也會有正面的加分
作用。古文字學家郭沫若（1892-1978）認為：中國的訓詁之學，其實
就是要注意「說的字」，而不是「寫的字」。他也引用法國漢學家馬伯
樂（Henri Maspero, 1882-1945）的觀點，指中國人現在還不知道在古

文字的考釋以外，要注意的乃是說的字，而不是寫的字。[17]漢字古音之研究風氣，從清初考據學派開始，再歷經三個世紀眾多聲韻學家的努力，已證明臺灣話是保存古音的活化石。古無輕唇音、無舌葉音、無舌上音，這些理論新發現，確實幫助我們挖掘更多的古文化，並將看似失傳的古音一一找回來，古音《周易》出土了，語言聲韻學家們的考證，其功不可沒。

　　長久以來，老是被臺灣人掛在嘴邊的國罵字，竟然與《周易》卦名有緊密關聯，這絕不是一則八卦消息，而是道道地地、排序在第三十一卦的「咸」卦。這個被污名化的國罵字，早被精心設計在《周易》的卦名、卦辭、卦爻當中，它原來是具有鼓勵雙雙對對的少男少女們，彼此要如何真心相愛，如何以實際肢體動作，一起分享雙人的甜蜜感情世界。古聖先賢教導青年人要如何永浴愛河，這一天下最幸福美好的互動景色，已被誤用三千年而不知？難道從今爾後還不趕快覺醒，早日返還文字本來的真面目，讓古老文化得以繼續在臺灣發光發熱。

　　漢文化之瑰寶已被保存在臺灣寶島，例如漢字中的繁體字與古音韻，這兩種文字語言得以在這裡延續下去，真是值得我們慶幸與驕傲的一件大事。根據聯合國教科文組織（UNESCO）已登錄世界文化資產項目中，崑曲是被列入無形文化資產名錄（Intangible Cultural Heritage List）的傳統技藝，而成書於戰國時代的《黃帝內經》、明朝的《本草綱目》則屬於亞太地區級世界記憶名錄（Memory of the World Directory）之古代文獻，因它們都有瀕臨失傳危機而被登錄保存，目的就是讓世人能予以重視與並加以傳衍。在臺灣島內，很多各行各業的人都知道《周易》的寶貴，而它又兼具繁體字與古漢音的雙重特殊角色，它足以媲美崑曲與《黃帝內經》、《本草綱目》；以《周易》的經文加上臺灣話的古音，更突顯文獻歷史的久遠，其內容對日常生活之影

響也更大更廣，但目前環境卻有老成凋謝及面臨被世界化之衝擊，使它們同樣面臨失傳的威脅。

注釋

1 依據洪惟仁教授《臺灣方言之旅》一書介紹，在臺灣所見到的傳統「十五音」字書，計有《彙音妙悟》、《彙音雅俗通十五音》、《增補彙音》、《彙音寶鑑》等多部著作，這些都是提供閩南語呼音的工具書，各字書編輯內容，大都以十五聲母、五十韻母、八種聲調為基本架構。

2 依據教育部國語推行委員會編《頒定中華新韻》一書記載，「注音符號」是於民國七年十一月廿三日由教育部公佈的，用代反切，舊名注音字母，十九年四月廿九日國民政府改今名。注音符號共有聲符廿一個、韻符十六個，基本上每個漢字之注音符號，是由聲符和韻符組成，並加聲調，讀法照北平音讀。另有三個江蘇特殊方言之聲符「万、兀、广」，未被納入全國通行的注音符號表中。有關韻符部份，國民政府再於民國三十年十月十日公佈「中華新韻」，分部十八、各別四聲。

3 陳壯維研究指出，《周易》可能存有一個相等的「方陣」卦序，卦序是表達易學思想的方式，從卦序的內部構成原理，可以說明易學卦序中的「易學通例」的規律性卦位排列。參見《「方陣」卦序的構擬及《周易》初始形態研究》（長春市：吉林大學博士學位論文，2007年），頁226-228。

4 劉大鈞，「周易淺談」，山東大學網（http://zhouyi.sdu.edu.cn/zhouyigaishuo/zhouYiQianTan.asp），2011/1/18。

5 姜亮夫：《中國聲韻學》（臺北市：文史哲出版社，1971年），頁24-25。

6 姜亮夫：《中國聲韻學》，頁95-96。另參見李葆嘉：《清代上古聲紐研究史編》（臺北市：五南圖書，1996年）。

7 本文所舉各字之臺灣話發音，均在圓括弧內以英文羅馬拼音標注，並加上聲調第幾聲之阿拉伯數字組成，例如陳（TAN5），5代表第五聲，以下各例皆同。一般臺灣話所稱的八個聲調，臺灣話呼音如「君、滾、棍、骨，群、滾、郡、滑」八字之排序，也有用臺灣話的「獅、虎、豹、鱉，猴、狗、象、鹿」教人呼八音，這兩種方法都以易學易記為原則，其中第二、第六個聲調，呼音是相同的。

8 葉夢麟（1895-1987），字芝生，浙江省松陽縣西屏鎮人。早年曾在浙江省富陽縣靈峰精社擔任助講，設松陽古市卯山的儉公中學，後來聘他為副董事長。隨國府遷臺後，進入陳誠戎幕擔任公職。生平主要研究著作，有

《松陽方言考》（1946）、《八德集義》（上、下冊）（1955）、《古音左證》（1956）、《微言集》（1957）、《古音蠡測》（1962）、《醫學錦囊》（1970）等。松陽方言與臺灣方言中的古音頗為近似，他在《古音左證》一書中，提出臺灣話因多存古音，是古漢語的活化石之創見；該書曾再三出版，並有蔡懋棠作註，及林尹、趙尺子、秦孝儀、吳湛露等多人作序。

9 葉夢麟著、蔡懋棠註：《古音左證附註》（臺北市：編者，1969 年），頁 36-40。

10 葉夢麟著、蔡懋棠註：《古音左證附註》，頁 1-2。

11 上古用字較少，但常以假借、互訓、相轉，以作形、義、音之變通。

12 胡安德：《周易淺說》（臺北市：上智出版，1979 年），頁 159。

13 沈仲濤：《華英易經》（上海市：世界書局，1935 年），頁 99。

14 《辭彙》（臺北市：文化圖書，1974 年），頁 1221。

15 姜亮夫：《中國聲韻學》，頁 112-113。

16 翟本瑞：〈中國人性觀初探〉，南華大學網（http://jai.nhu.edu.tw/C37.htm），2011/1/17。

17 郭沫若：《郭沫若全集》歷史編第三卷（北京市：人民出版社，1984 年），頁 313-317。

重要參考文獻

一　先秦及兩漢古籍

周易

尚書

世本

列子

爾雅

說文

史記

逸周書

春秋左傳

竹書紀年

二　易經注釋與研究

丁四新　《楚竹書與漢帛書周易校注》　上海市　上海古籍出版社
　　　　2011年

王弼註　《周易經翼通解》　臺北市　華聯出版社　1977年

王夫之　《船山易傳》　臺北市　夏學社　1980年

王明雄　《易經原理》　臺北市　遠流出版社　1996年

王　鉞、李藍軍、張穩剛　《白話周易解析》　西安市　三秦出版社
　　　1998年

王振復　《周知萬物的智慧──《周易》文化百問》　上海市　復旦大
　　　學　2011年

王亭之　《周易象數例解》　上海市　復旦大學　2013年

尹寶生、錢明嘯　《易經的應用哲學》　北京市　宗教文化出版社
　　　2008年

田合祿、田峰　《周易真原：中國最古老的天學科學體系》　太原市
　　　山西科學出版社　2006年

朱駿聲　《六十四卦經解》　臺北市　頂淵文化　2006年

朱　熹　《易本義》　臺北市　世界書局　1962年

朱伯崑主編　《周易知識通覽》　濟南市　齊魯書社　1996年

朱高正　《周易六十四卦通解》　臺北市　臺灣商務印書館　1995年

江國樑　《易學研究基礎與方法一》　臺北市　學易齋　2000年

李光第纂，劉大鈞整理　《周易折中》　成都市　巴蜀書社　2010年

李學勤　《周易經傳溯源》　長春市　長春出版社　1992年

李漢三　《周易卦爻辭釋義》　臺北市　中華叢書編委會　1969年

李士珍　《周易分類研究》　臺北市　臺灣書店　1959年

李循絡　《奇門易經》　臺北市　將門出版社　1985年

李鐵筆　《易經占卜應用》　臺北市　益群書店　1988年

李鏡池　《周易探源》　北京市　中華書局　1991年

李　申主編　《周易經傳譯注》　長沙市　湖南教育出版社　2004年

李安綱主編　《儒教三經：易經》　北京市　中國社會　1999年

金景芳、呂紹綱　《周易全解》　上海市　上海古籍學　2005年

金景芳講述，呂紹綱整理　《周易講座》　桂林市　廣西師範大學出版
　　　社　2007年

余敦康　《周易現代解讀》　北京市　華夏出版社　2006年

邢　文　《帛書周易研究》　北京市　人民出版社　1997年

沈仲濤　《華英易經》　上海市　世界書局　1935年

呂紹綱　《周易闡微》　長春市　吉林大學　1990年

呂紹綱主編　《周易辭典》　臺北市　漢藝色研文化　2001年

尚秉和　《周易尚氏學》　北京市　中華書局　1998年

屈萬里　《讀易三種》　臺北市　聯經出版公司　1984年

屈萬里　《漢石經周易殘字集證》　臺北市　中央研究院　1999年

南懷瑾、徐芹庭　《周易今註今譯》　臺北市　臺灣商務印書館　1992年

南懷瑾講述　《易經雜說》　臺北市　老古文化　1987年

胡安德　《周易淺說》　臺北市　上智出版社　1979年

周振甫譯注　《《周易》譯注》　南京市　江蘇教育出版社　2006年

孫振聲　《白話易經》　臺北市　星光出版社　1981年

程石泉　《易辭新解》　上海市　上海古籍　2000年

程　頤　《易程傳》　臺北市　世界書局　1962年

崔波注譯　《周易》　鄭州市　中州古籍出版社　2007年

袁庭棟　《周易初階》　成都市　巴蜀書社　2004年

高　亨　《周易古經通說》　臺北市　華正書局　1977年

高　亨　《周易雜論》　上海市　上海古籍　1979年

高　亨　《周易古經今說》　臺中市　文听閣　2008年

高　亨　《周易古經今注》　臺北市　華正書局　2008年

高　亨　《周易大傳今注》　北京市　清華大學　2010年

唐赤蓉主編　《易經64卦384爻故事》　成都市　四川人民　2011年

秦磊編著　《大眾白話易經》　西安市　三秦出版社　1997年

馬恆君　《周易正宗》　北京市　華夏出版社　2004年

黃　凡　《周易：商周之交史事錄》（上、下冊）　汕頭市　汕頭大學出

版社　1995年

黃沛榮　《周易彖象傳義理探微》　臺北市　萬卷樓圖書公司　2001年

黃沛榮　《易學乾坤》　臺北市　大安出版社　1998年

黃沛榮編　《易學論著選集》　臺北市　長安出版社　1985年

黃壽祺、張善文　《周易譯註》　上海市　上海古籍出版社　2004年

黃忠天　《周易程傳註評》　臺北市　高雄市　復文圖書出版社　2004年

黃漢立　《易經講堂》　香港市　三聯書店　2009年

黃家騁　《洪範易知》　臺北市　皇極出版社　1980年

黃道周撰，翟奎鳳整理　《易象正》　北京市　中華書局　2011年

陳瑞龍　《周易與適應原理》　臺北市　臺灣商務印書館　1985年

陳鼓應，趙建偉注譯　《周易今注今譯》　北京市　商務印書館　2005年

陳夢雷　《周易淺述》　北京市　九州出版社　2004年

陳文德　《易經解碼》　臺北市　奇德兒科技　2003年

陳明拱　《白話易經講義入門》　臺北市　智商出版社　年不詳

張曉雨　《周易筮法通解》　濟南市　山東人民出版社　2009年

張政烺　《論易叢稿》　北京市　中華書局　2012年

張文智，汪啟明整理　《周易集解》　成都市　巴蜀書社　2004年

張善文　《象數與易理》　臺北市　洪葉文化　1997年

張善文　《周易：玄妙的天書》　上海市　上海古籍出版社　1998年

張延生　《易學入門》　北京市　團結出版社　2005年

張　朋　《春秋易學研究——以《周易》卦爻辭的卦象解說方法為中心》　上海市　上海古籍出版社　2012年

喬一凡　《喬氏易傳》　臺北市　臺灣中華書局　1981年

賀華章　《圖解周易大全》　西安市　陝西師範大學出版社　2007年

曹　音　《周易釋疑》　上海市　上海三聯書店　2011年

郭建勳注譯，黃俊郎校閱　《新譯易經讀本》　臺北市　三民書局

1996年

傅佩榮　《傅佩榮解讀易經》　臺北縣　立緒文化有限公司　2005年

曾春海　《王船山易學闡發》　臺北市　嘉新文化基金會　1978年

萬樹辰　《周易變通解》　臺北市　中華叢書　1960年

閭修篆　《易經的圖與卦》　臺北市　五洲出版社　1983年

鄒學熹　《易學精要》　成都市　四川科學技術出版社　1997年

錢基博　《周易解題及其讀法》　桂林市　廣西師範大學出版社　2010年

楊家駱主編　《周易注疏及補正》　臺北市　世界書局　1978年

楊淦植　《周易宗義》　北京市　北京大學　2010年

廖名春　《《周易》經傳十五講》　北京市　北京大學出版社　2004年

鄧秉元　《周易義疏》　上海市　上海古籍出版社　2011年

鄧球柏　《帛書周易校釋》（增訂本）　長沙市　湖南出版社　1996年

鄧加榮　《易經的智慧與應用》　北京市　新華書店　2006年

黎凱旋　《易數淺說》　臺北市　名山出版社　1975年

劉大鈞　《周易古經白話解》　濟南市　山東友誼出版社　1998年

劉大鈞　《周易概論》　成都市　巴蜀書社　2004年

劉大鈞主編　《簡帛考論》　上海市　上海古籍出版社　2007年

劉思白　《周易話解》　臺北市　弘道文化公司　1977年

劉君祖　《易經與生活規劃》　臺北市　牛頓出版社　1995年

歐陽維誠　《周易新解》　北京市　中國書店　2009年

薛悟村　《易經精華》　臺北市　傳統書局　1978年

（日）　大島順三郎《易占自在》　日本東京市　生生書院　1926年

三　語言文字研究

王延林　《常用古文字字典》　上海市　上海書畫出版社　1987年

王　力　《漢語史稿》　北京市　中華書局　2005年

王宇信、楊升南，聶玉海主編　《甲骨文精華選讀》　北京市　語文出版社　1996年

李學勤　《古文字學初階》　北京市　中華書局　1985年

李學勤　《簡帛佚籍與學術史》　臺北市　時報出版　1994年

李學勤　《甲骨百年話滄桑》　上海市　上海科技教育出版社　2000年

李葆嘉　《清代上古聲紐研究史論》　臺北市　五南圖書出版公司　1996年

何九盈　《中國古代語言學史》　廣州市　廣東教育出版出版社　2000年

沈富進　《彙音寶鑑》　嘉義梅山市　編者　1954年

吳其昌　《殷虛書契解詁》　臺北市　文史哲出版社　1971年

吳守禮　《綜合閩南方言基本字典》　臺北市　文史哲出版社　1987年

林祖恭　《西周甲骨文字考釋》　臺北市　編者　1988年

林正三　《閩南語聲韻學》　臺北市　文史哲　2002年

洪惟仁　《臺灣河佬語聲調研究》　臺北市　自立晚報社　1985年

洪惟仁　《臺灣禮俗語典》　臺北市　自立晚報社　1990年

洪惟仁　《臺灣方言之旅》　臺北市　前衛出版社　1994年

洪乾祐　《閩南語考釋》　臺北市　文史哲出版社　1992年

洪乾祐續編　《閩南語考釋》　臺北市　文史哲出版社　2003年

莊永明　《臺灣諺語淺釋》　臺北市　時報文化　1987年

夏　炘　《詩古音表二十二部集說》　臺北市　廣文書局　1966年

姜亮夫　《中國聲韻學》　臺北市　文史哲出版社　1971年

高樹藩　《正中形音義綜合大字典》　臺北市　正中書局　1977年

段玉裁　《說文解字段注》　臺北市　藝文印書館　1966年

許進雄　《許進雄古文字論集》　北京市　中華書局　2010年

馬如森　《殷虛甲骨文引論》　長春市　東北師範大學出版社　1993年

連雅堂原作，姚榮松導讀 《臺灣語典》 臺北市 金楓出版社 1987年

黃陳瑞珠 《蘭記臺語手冊》 嘉義市 蘭記出版社 1995年

陳成福 《國臺音彙音寶典》 臺南市 西北出版社 1991年

陳冠學 《臺語之古老與古典》 高雄市 第一出版社 1984年

陳彭年等 《宋本廣韻》 臺北市 黎明文化 1988年

陳新雄 《音略證補》 臺北市 文史哲 2002年

陳夢家 《殷墟卜辭綜述》 北京市 科學出版社 1956年

張 恢 《古文字辨第二、三卷》 臺北市 七宏印刷 1987年

張政烺 《甲骨金文與商周史研究》 北京市 中華書局 2012年

郭沫若 《卜辭通纂》 日本東京市 文求堂 1933年

郭沫若 《殷契粹編》 日本東京市 文求堂 1937年

葉夢麟 《古音左證》 臺北市 著者 1956年

葉夢麟 《古音蠡測》 臺北市 著者 1962年

董宗司 《福爾摩沙的烙印——臺灣閩南語概要》（上、下冊） 臺北市
　　　　文建會 2001年

薛俊武 《漢字揆初第三集》 西安市 三秦出版社 2009年

楊伯峻、何樂士 《古漢語語法及其發展》 北京市 語文出版社
　　　　1992年

董作賓 《殷虛文字甲編》 中央研究院歷史語言研究所 1948年

董作賓 《殷虛文字乙編》 中央研究院歷史語言研究所 1948-1953年

董作賓 《殷虛文字外編》 臺北市 藝文印書館 1956年

董作賓 《董作賓學術論集》 臺北市 世界書局 2008年

羅振玉 《殷虛書契》影印本 1913年

羅振玉 《殷虛書契續編》影印本 1933年

鄭良偉 《走向標準化的臺灣話文》 臺北市 自立晚報社 1989年

滕壬生 《楚系簡帛文字編》 武漢市 湖北教育出版社 1995年

顧炎武 《音學五書》 北京市 中華書局 2005年

《辭彙》 臺北市 文化圖書 1974年

《增補彙音》 臺中市 瑞成書局 1961年

謝秀嵐 《彙音雅俗通十五音》 1818年編

廈門大學漢語方言研究室編 《普通話閩南方言詞典》 廈門市 廈門
　　　　大學出版社 1982年

臺灣總督府民政部 《臺灣十五音字母詳解》 臺北市 秀英舍 1901年

四 相關文獻與研究

王玉林 《中醫古籍考據例要》 北京市 學苑出版社 2006年

王愛和 《中國古代宇宙觀與政治文化》 上海市 上海古籍出版社
　　　　2011年

江 灝，錢宗武譯 《白話尚書》 臺北市 地球出版社 1994年

朱季海 《楚辭解故》 上海市 上海古籍出版社 2011年

朱彥民 《商族的起源、遷徙與發展》 北京市 商務印書館 2007年

朱高正 《乾坤大挪移》 臺北市 臺灣商務印書館 1995年

李 零 《中國方術正考》 北京市 中華書局 2006年

李 零 《中國方術續考》 北京市 中華書局 2006年

李辰冬 《詩經研究》 臺北市 水牛出版社 1974年

李辰冬 《詩經通釋》 臺北市 水牛出版社 1980年

李學勤 《青銅器與古代史》 臺北市 聯經出版社 2005年

何光岳 《商源流史》 南昌市 江西教育出版社 1994年

何光岳 《周源流史》（上、下冊） 南昌市 江西教育出版社 1997年

沈 括 《夢溪筆談》 北京市 團結出版社 1996年

宗鳴安 《皕明樓金文考釋》 西安市 陝西人民美術出版社 2002年

吳　璵　《新譯尚書讀本》　臺北市　三民書局　2001年

林慶彰　《中國經學研究的新視野》　臺北市　萬卷樓圖書公司　2012年

屈萬里　《尚書今註今譯》　臺北市　臺灣商務印書館　1970年

屈萬里　《屈萬里先生文存》　臺北市　聯經出版公司　1985年

高　亨　《詩經今注》　上海市　上海古籍出版社　1980年

胡家聰　《管子新探》　北京市　中國社會科學出版社　1995年

常玉芝　《商代周祭制度》　北京市　中國社會科學出版社　1987年

許倬雲　《西周史》　臺北市　聯經出版公司　1984年

袁　珂校注　《山海經校注》　臺北市　里仁書局　1995年

陳夢家　《尚書通論》　石家莊市　河北教育出版社　2001年

張渭蓮　《商文明的形成》　北京市　文物出版社　2008年

郭沫若　《郭沫若全集》　北京市　人民出版社　1984年

馮　時　《出土古代天文學》　臺北市　台灣古籍出版有限公司　2001年

馮　時　《中國天文考古學》　北京市　中國社科　2010年

馮天瑜　《『封建』考論》　武漢市　武漢大學出版社　2006年

裴普賢　《詩經比較研究與欣賞》　臺北市　臺灣學生書局　1983年

褚斌杰　《楚辭要論》　北京市　北京大學出版社　2003年

韓江蘇、江林昌　《《殷本紀》訂補與商史人物徵》　北京市　中國社科
　　　　　2010年

劉　源　《商周祭祖禮研究》　北京市　商務印書館　2004年

鄭天杰　《曆法叢談》　臺北市　中國文化大學　1985年

趙尚華　《醫易通論》　太原市　山西科技　2006年

賴貴三主編　《中孚大有集》　臺北市　里仁書局　2011年

樓宇列　《王弼集校釋》　臺北市　華正書局　1992年

楊家駱主編　《呂氏春秋集釋等五書》　臺北市　世界書局　1977年

熊任望譯注　《屈原辭譯注》　保定市　河北大學出版社　2004年

陝西歷史博物館編 《西周史論文集》（上、下集） 西安市 陝西人民
教育出版社 1993年
（美）夏含夷 《興與象：中國古代文化史論》 上海市 上海古籍出版
社 2012年

五 網路資訊

谷歌網 www.google.com

美國航太網 www.nasa.gov

維基百科網 www.wikipedia.org

百度百科網 www.baidu.com

互動百科網 www.baike.com

漢典網 www.zdic.net

中國哲學書電子化計劃網頁 ctext.org/zh

山東大學易學研究中心網頁 zhouyi.sdu.edu.cn/index.asp

國家圖書館出版品預行編目(CIP)資料

歸〇解易十六講 / 廖慶六著. -- 初版.
　-- 臺北市：萬卷樓, 2013.05
　　面；　公分. -- (經學研究叢書)
　　ISBN 978-957-739-807-9(平裝)

1.易經　2.研究考訂　3.臺語
121.17　　　　　　　　　　102009853

歸〇解易十六講

2013 年 5 月　初版　平裝

ISBN　978-957-739-807-9　　　　　　　　定價：新台幣 320 元

作　　者	廖慶六	出　版　者	萬卷樓圖書股份有限公司
發 行 人	陳滿銘	編輯部地址	106 臺北市羅斯福路二段 41 號 9 樓之 4
總 編 輯	陳滿銘	電話	02-23216565
副總編輯	張晏瑞	傳真	02-23218698
編　　輯	游依玲	電郵	editor@wanjuan.com.tw
編　　輯	吳家嘉	發行所地址	106 臺北市羅斯福路二段 41 號 6 樓之 3
封面設計	斐類設計	電話	02-23216565
	工作室	傳真	02-23944113
		印　刷　者	晟齊實業有限公司

版權所有・翻印必究　　　　　　　新聞局出版事業登記證局版臺業字第 5655 號

如有缺頁、破損、倒裝　　網 路 書 店　　www.wanjuan.com.tw
請寄回更換　　　　　　　劃 撥 帳 號　　15624015